Disney

Mis primeras 1000 palabras en inglés

Written by Thea Feldman

© EDITORIAL EVEREST, S. A.
Carretera León-La Coruña, km 5 - LEÓN
ISBN: 84-241-8340-1
Depósito legal: LE. 868-2004
Printed in Spain - Impreso en España
EDITORIAL EVERGRÁFICAS, S. L.
Carretera León-La Coruña, km 5
LEÓN (España)
Atención al cliente: 902 123 400
www.everest.es

Disney

Mis primeras 1000 palabras en inglés

EVEREST

Dálmata

Goofy

Mike

Dumbo

"Are you ready to learn 1000 words? Then come along!"

"¿Estás preparado para aprender 1000 palabras? Entonces, ¡adelante!"

Pinocho

Cenicienta

Blancanieves

Woody

Mowgli

Aladdín

Pepito Grillo
Alicia
Daisy
Golfo
Simba
Peter Pan
Sulley
Sra. Potts y Chip
Yasmín
Lilo
Campanilla
Donald
Aurora
Buzz Lightyear
Timón
"See you inside!"
"¡Nos vemos en el interior!"
Stitch

Estimados Padres:

Este libro, que contiene más de 1000 palabras básicas, pretende ayudar a los preescolares a desarrollar un amplio vocabulario para describir y explicar el emocionante mundo que los rodea. Al margen de que las palabras de este libro ayuden o no a vuestros hijos a aumentar su confianza en sus quehaceres diarios o hagan volar su imaginación a lugares lejanos, sus páginas tienen algo para cada mente joven dispuesta a aprender. El libro está dividido en cinco zonas de contenidos principales, en las que cada capítulo presenta un tema nuevo en el que los personajes de Disney actúan de anfitriones. Está diseñado para que resulte una experiencia familiar en la que los padres ayuden a los más pequeños a realizar valiosos descubrimientos, además de hacerles ver que aprender es divertido y fácil, sobre todo cuando se hace con los queridísimos personajes Disney.

Contenidos

Home and Family

El Hogar y la Familia 8

Town and Community

La Ciudad y la Comunidad 36

Having Fun

Tiempo Libre 64

Animals and Nature

Animales y Naturaleza 90

Things to Know

Lo que Debes Saber.................................... 116

Index

Índice 138

Home and

"There you are! We've been waiting for you."

"¡Ahí estás!
Te estábamos esperando."

Family

El Hogar y la Familia

Pasa la página para ver qué ocurre en  de Mickey. ¿Quién tiene un ? Descubre todas las cosas que crecen en el jardín de . Ayuda a  a arropar a . Además,  necesita ayuda en la cocina.

All Kinds of Families!

¡Todo tipo de familias!

the Darling family
La familia Darling

Ariel's family
La familia de Ariel

Sleeping Beauty's family
La familia de la Bella Durmiente

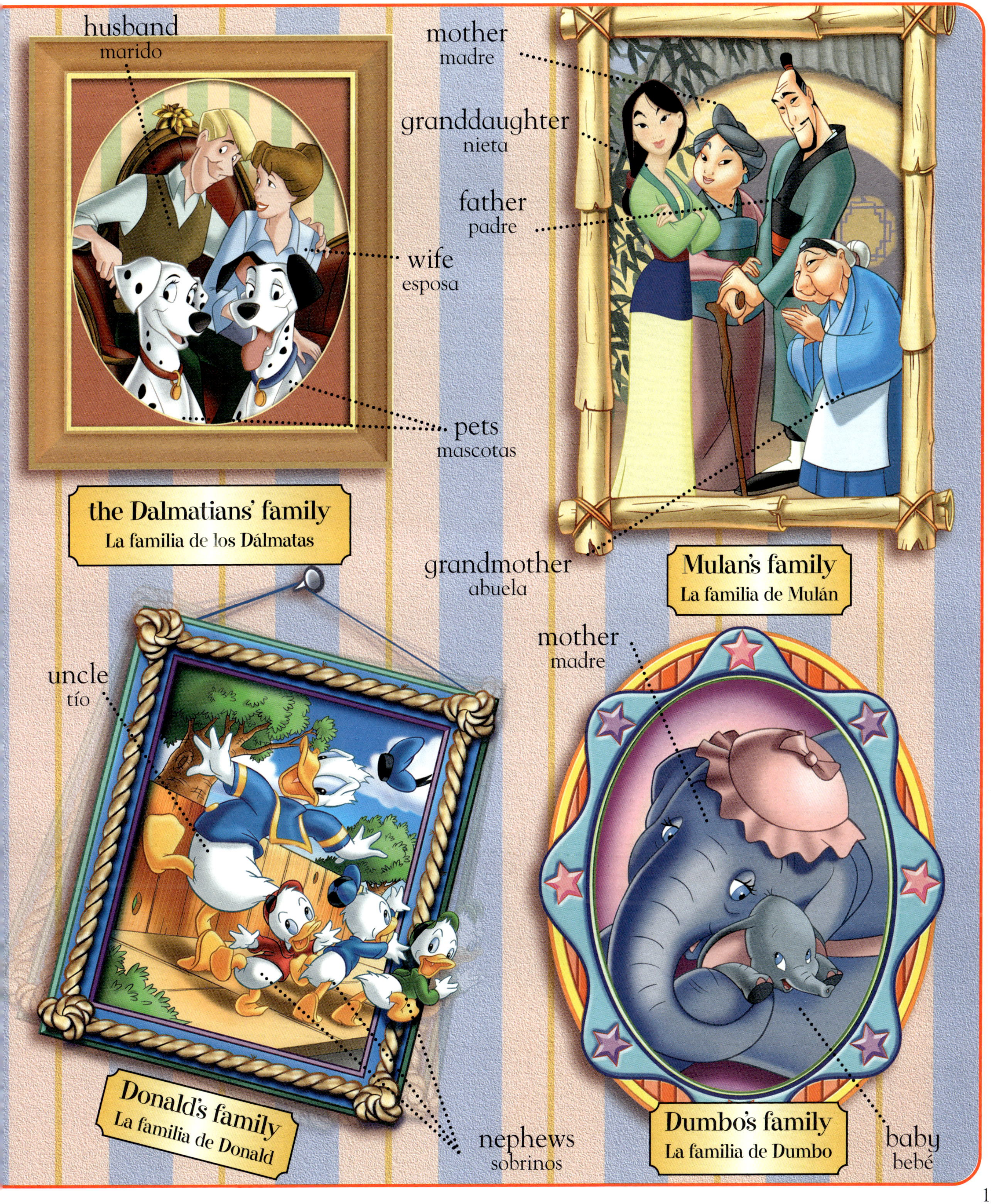
husband
marido
mother
madre
granddaughter
nieta
father
padre
wife
esposa
pets
mascotas
the Dalmatians' family
La familia de los Dálmatas
grandmother
abuela
Mulan's family
La familia de Mulán
mother
madre
uncle
tío
Donald's family
La familia de Donald
nephews
sobrinos
Dumbo's family
La familia de Dumbo
baby
bebé

Mickey's House
La casa de Mickey

clothes
ropa

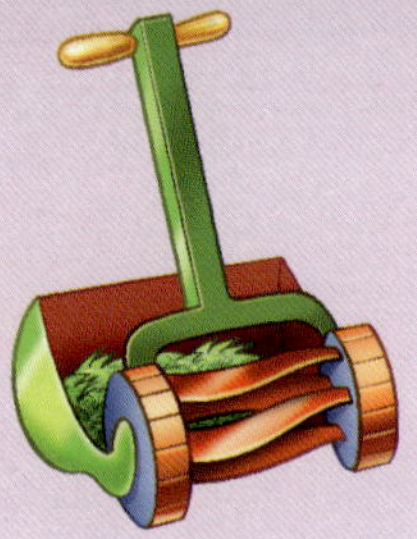
lawn mower
cortacésped

doghouse
caseta del perro

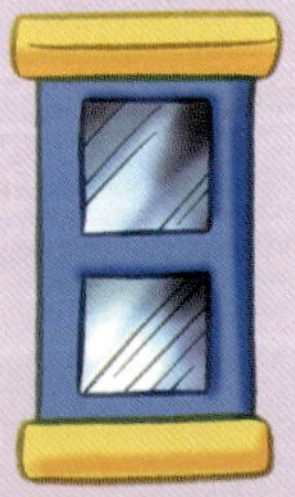
window
ventana

yard
patio

chimney
chimenea

roof
tejado

porch
porche

fence
valla

house
casa

nails
clavos

front
door
puerta
principal

saw
sierra

driveway
camino de entrada

toolbox
caja de herramientas

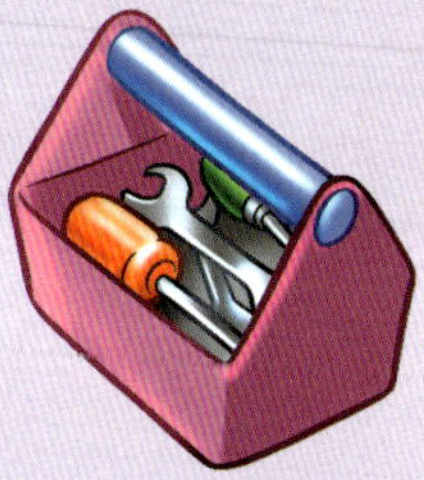

hammer
martillo

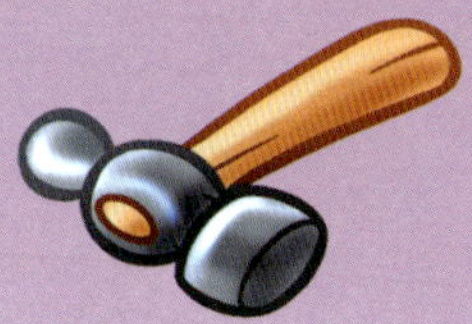

garage door
puerta del garaje

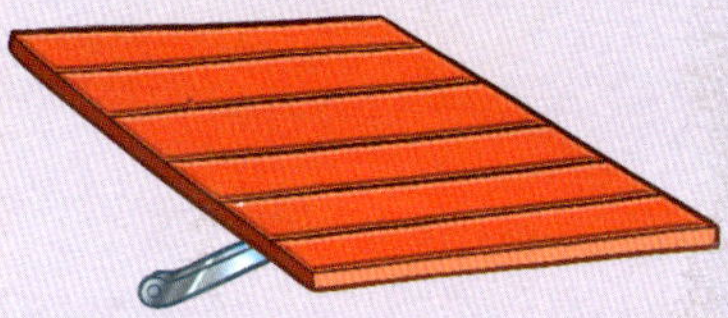

car
coche

ailbox
zón

garage
garaje

clothesline
tendedero

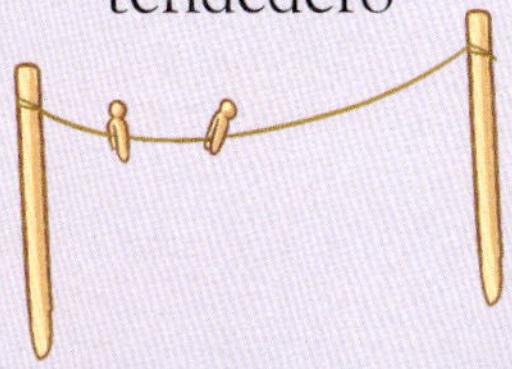

wood
madera

birdhouse
casita para
pájaros

HOME AND FAMILY

Daisy's Garden

El jardín de Daisy

wheelbarrow
carretilla

seeds
semillas

plants
plantas

earthworm
lombriz

vine
vid

water
agua

soil
tierra

rake
rastrillo

stake
estaca

watering can
regadera

sprinkler
aspersor

seed pack
paquete de semillas

hedge
seto

trowel
palita

garden hose
manguera

sunflower
girasol

Can You Find?

five snails
cinco caracoles

HOME AND FAMILY

The 101 Dalmatians' Living Room
El cuarto de estar de los 101 dálmatas

fireplace
chimenea

armchair
butaca

television
televisión

floor
suelo

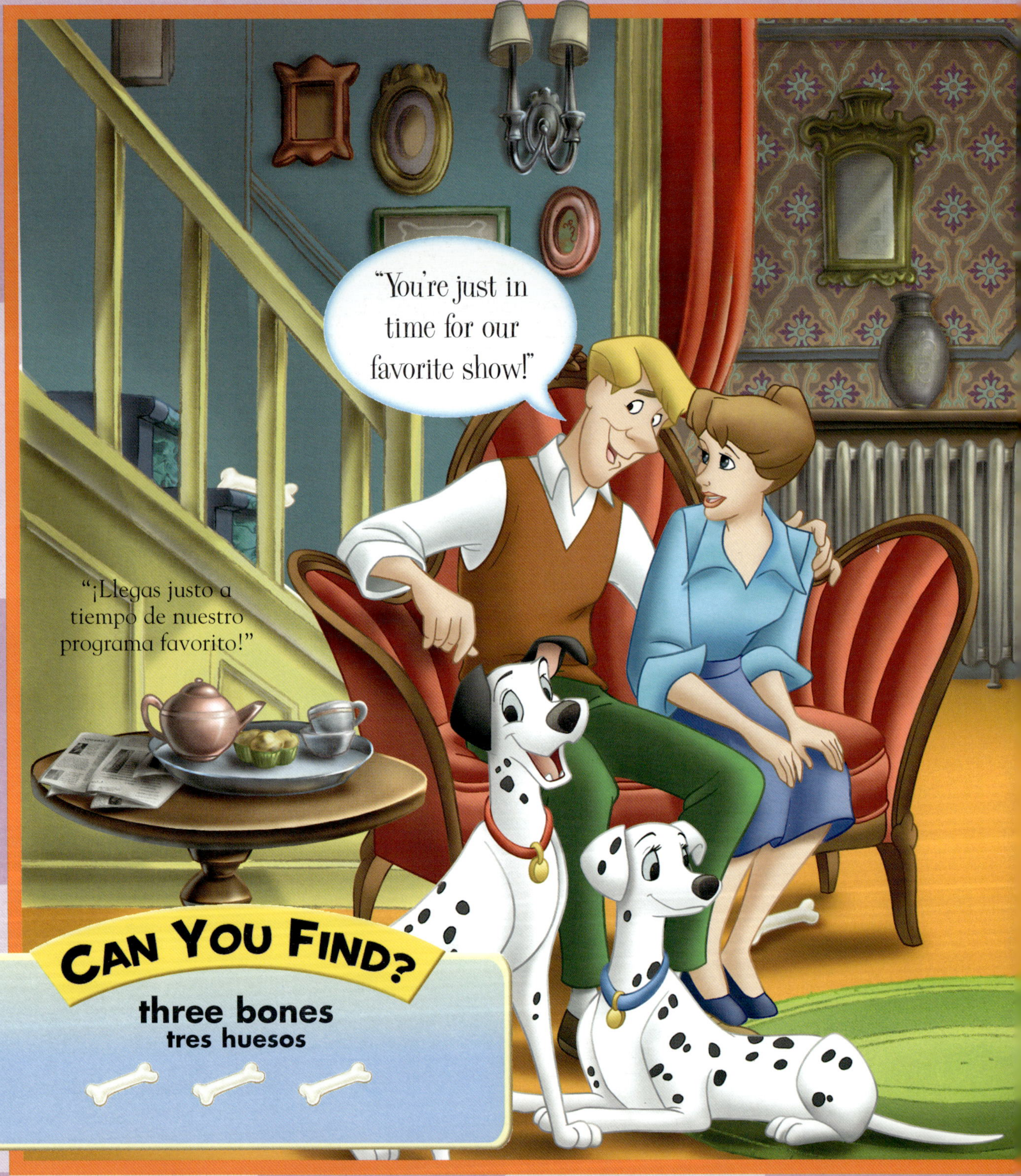

CAN YOU FIND?
three bones
tres huesos

wallpaper
papel pintado

footstool
escabel

clock
reloj

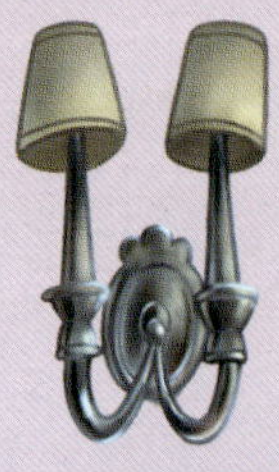
lamp
lámpara

light switch
interruptor

banister
barandilla

rug
alfombra

vacuum cleaner
aspirador

couch
sofá

bookcase
librería

books
libros

radiator
radiador

vase
jarrón

coffee table
mesita auxiliar

lampshade
pantalla de lámpara

staircase
escalera

Lilo and Nani's Kitchen

La cocina de Lilo y Nani

measuring cup
taza medidora

mop
fregona

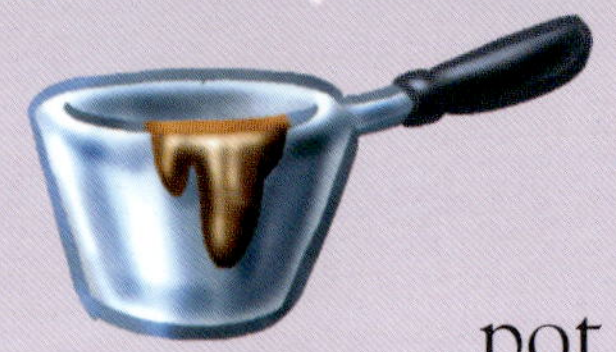

pot
cazo

refrigerator
frigorífico

dishwasher
lavavajillas

pan
sartén

rolling pin
rodillo

sponge
esponja

kettle
tetera

sink
fregadero

blender
robot de cocina

cupboard
armario de cocina

soapsuds
espuma

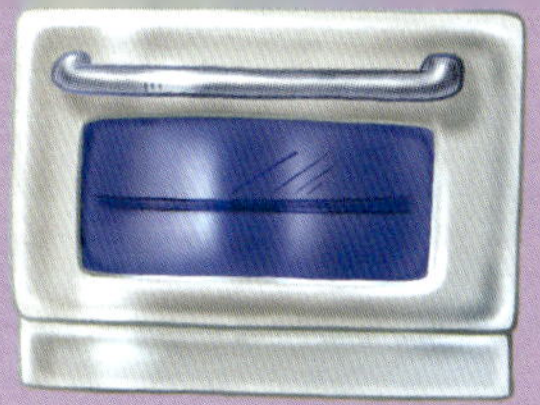

oven
horno

ironing board
tabla de planchar

dish towel
paño de cocina

faucet
grifo

paper towels
rollo de papel

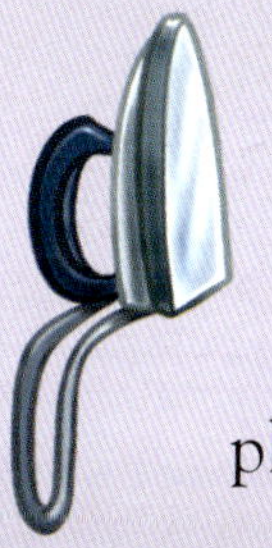

iron
plancha

garbage pail
cubo de la basura

toaster
tostadora

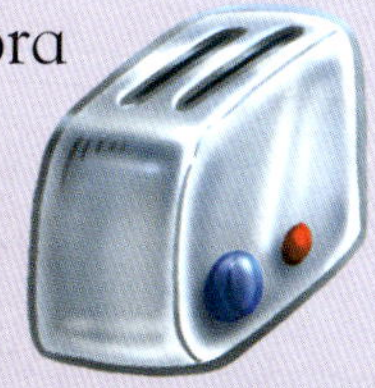

stove
cocina

apron
delantal

dustpan
recogedor

broom
escoba

Beauty and the Beast's Dining Room

cup
taza

dish
plato

knife
cuchillo

platter
bandeja

table
mesa

spoon
cuchara

pitcher
jarra

fork
tenedor

saucer
platito

Bella y el comedor de Bestia

china cabinet
aparador

napkin
servilleta

chandelier
araña

sugar bowl
azucarero

teapot
tetera

glass
copa

candlestick
candelabro

CAN YOU FIND?

a salt shaker and a pepper shaker
un salero y un pimentero

tongs
pinzas para el hielo

place mat
mantel individual

creamer
salsera

ladle
cucharón

bowl
cuenco

HOME AND FAMILY

Lady and the Tramp's Dinner for Two!

¡Reina y Golfo, cena para dos!

spaghetti and meat-balls
espaguetis y albóndigas

pizza
pizza

rice
arroz

pasta
pasta

soup
sopa

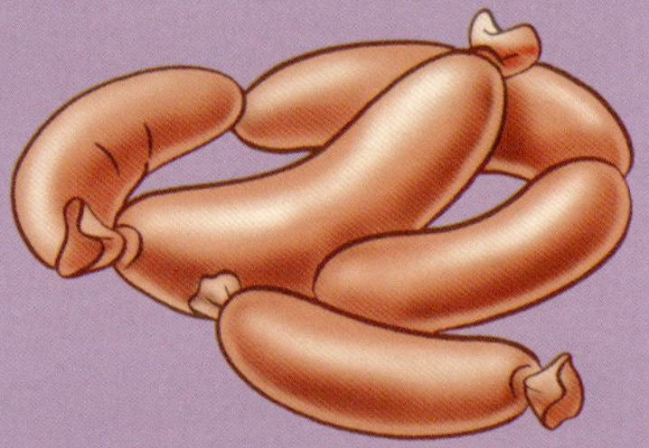

sausage
salchicha

toast
tostadora

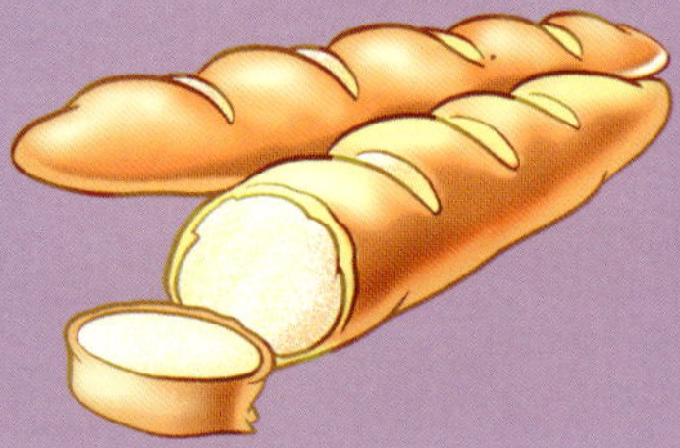

baguette
baguette

crackers
galletitas saladas

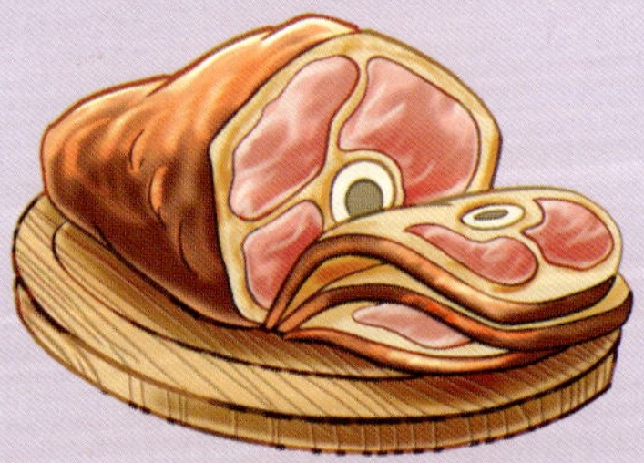

ham
jamón

jelly
mermelada

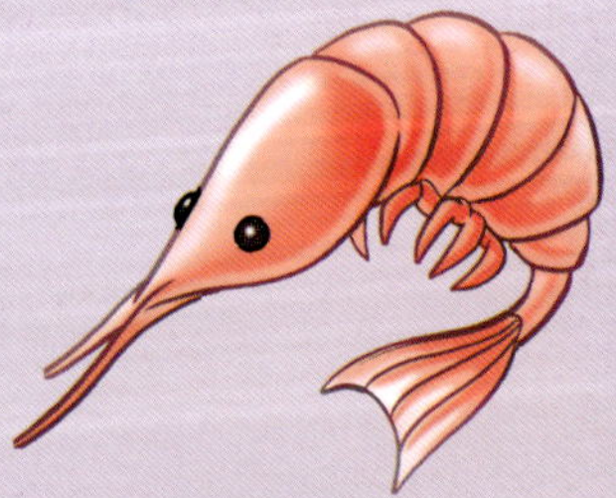

shrimp
gamba

cheese
queso

milk
leche

roast beef
carne asada

butter
mantequilla

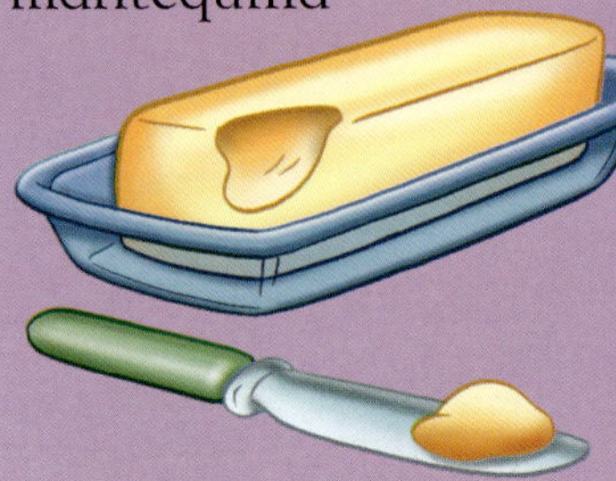

eggs
huevos

tuna
atún

sandwich
sándwich

lobster
langosta

bacon
beicon

peanut butter
mantequilla de cachuete

steak
filete

yogurt
yogur

hamburger
hamburguesa

cereal
cereales

salt
sal

pepper
pimienta

chicken
pollo

ketchup
ketchup

"¿Cuál es tu comida favorita?"

French fries
patatas fritas

tea
té

HOME AND FAMILY

Snow White's Apple and a Feast of Fruits

La manzana de Blancanieves y un festín de frutas

apple
manzana

banana
plátano

cherries
cerezas

pear
pera

melons
melón

strawberries
fresas

raspberries
frambuesas

blueberries
arándanos

blackberries
moras

watermelons
sandía

mango
mango

avocados
aguacate

papayas
papaya

pineapple
piña

peach
melocotón

plums
ciruelas

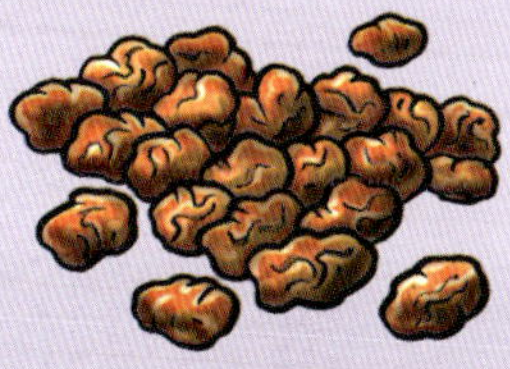

raisins
uvas pasas

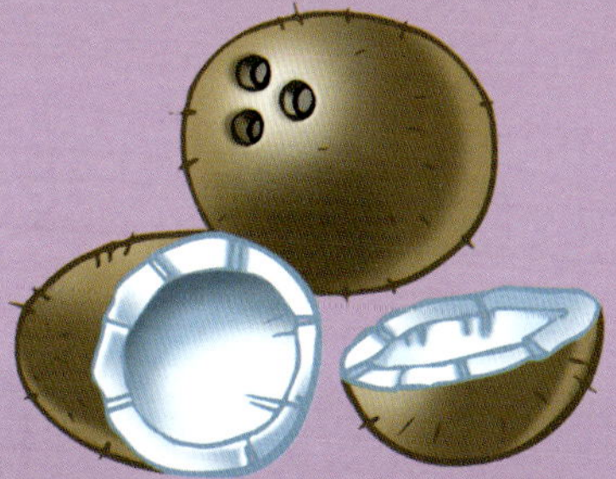

coconuts
coco

oranges
naranjas

grapefruit
pomelo

grapes
uvas

lemons
limón

limes
lima

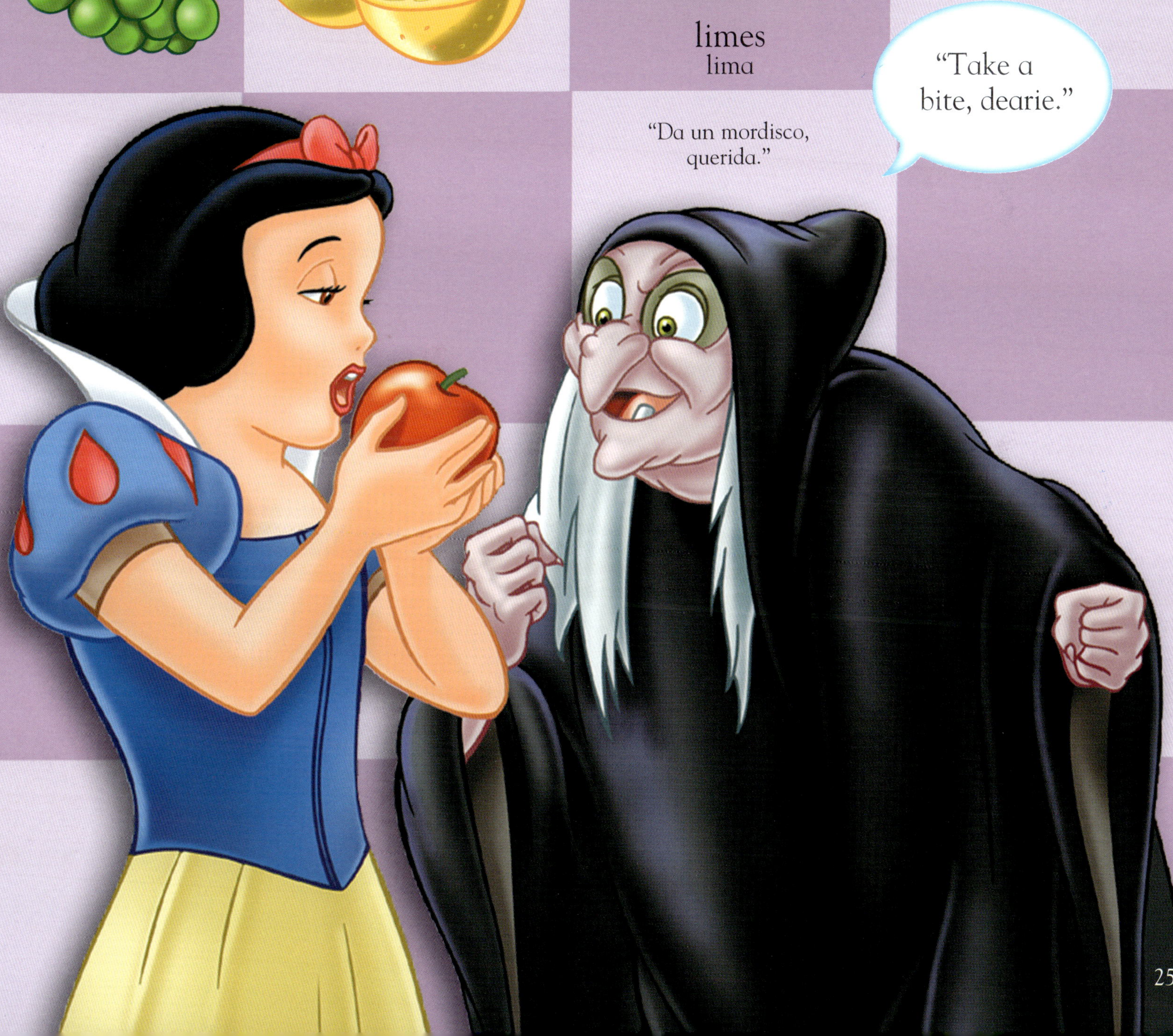

"Da un mordisco, querida."

A Pumpkin Takes Cinderella to the Ball!

¡Una calabza lleva a Cenicienta al baile!

garlic
ajo

zucchini
calabacín

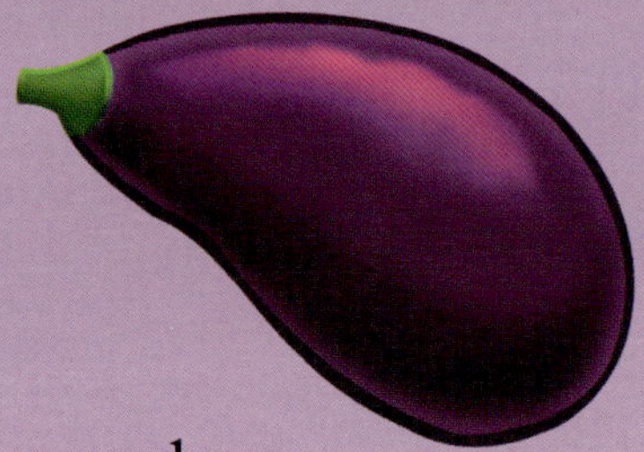

eggplant
berenjena

lettuce
lechuga

pickles
pepinillos

beet
remolacha

"Vuelve a casa a medianoche, antes de que la carroza vuelva a convertirse en calabaza."

"Be home by midnight, before the coach turns back into a pumpkin!"

olives
aceitunas

cauliflower
coliflor

spinach
espinacas

brussels sprouts
coles de Bruselas

radishes
rábanos

celery
apio

peppers
pimientos

broccoli
brécol

tomato
tomate

cucumber
pepino

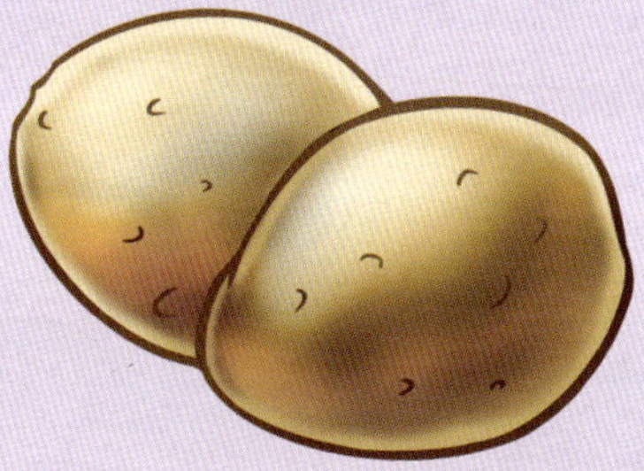

potatoes
patatas

string beans
judías verdes

lima beans
alubias blancas

onion
cebollas

pumpkin
calabaza

cabbage
col

carrots
zanahorias

corn
maíz

peas
guisantes

mushrooms
champiñones

Donald's Bathroom

El cuarto de baño de Donald

bathrobe
albornoz

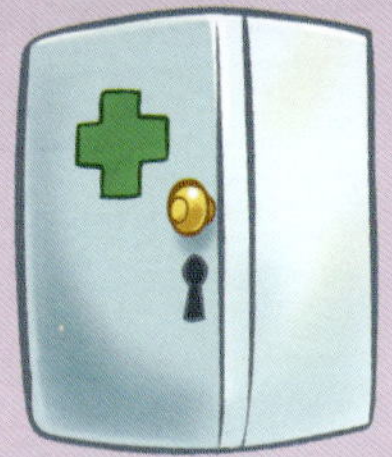

medicine cabinet
botiquín

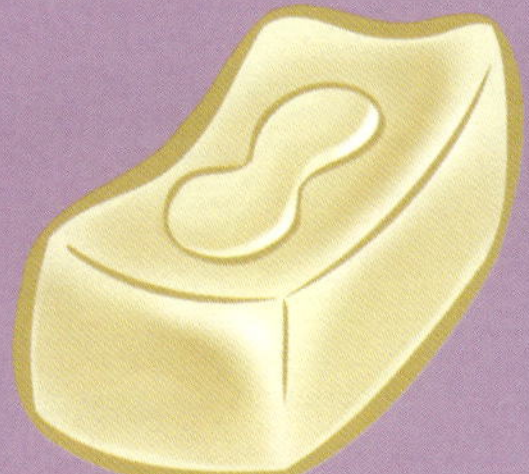

soap
jabón

hair dryer
secador de pelo

hairbrush
cepillo

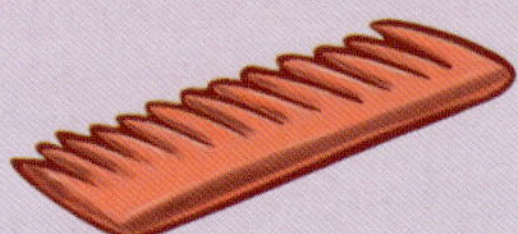

comb
peine

toilet paper
papel higiénico

towel rack
toallero

bubbles
burbujas

bath towel
toalla de baño

shampoo
champú

shower cap
gorro de ducha

washcloth
toalla de manos

shower stall
cabina de ducha

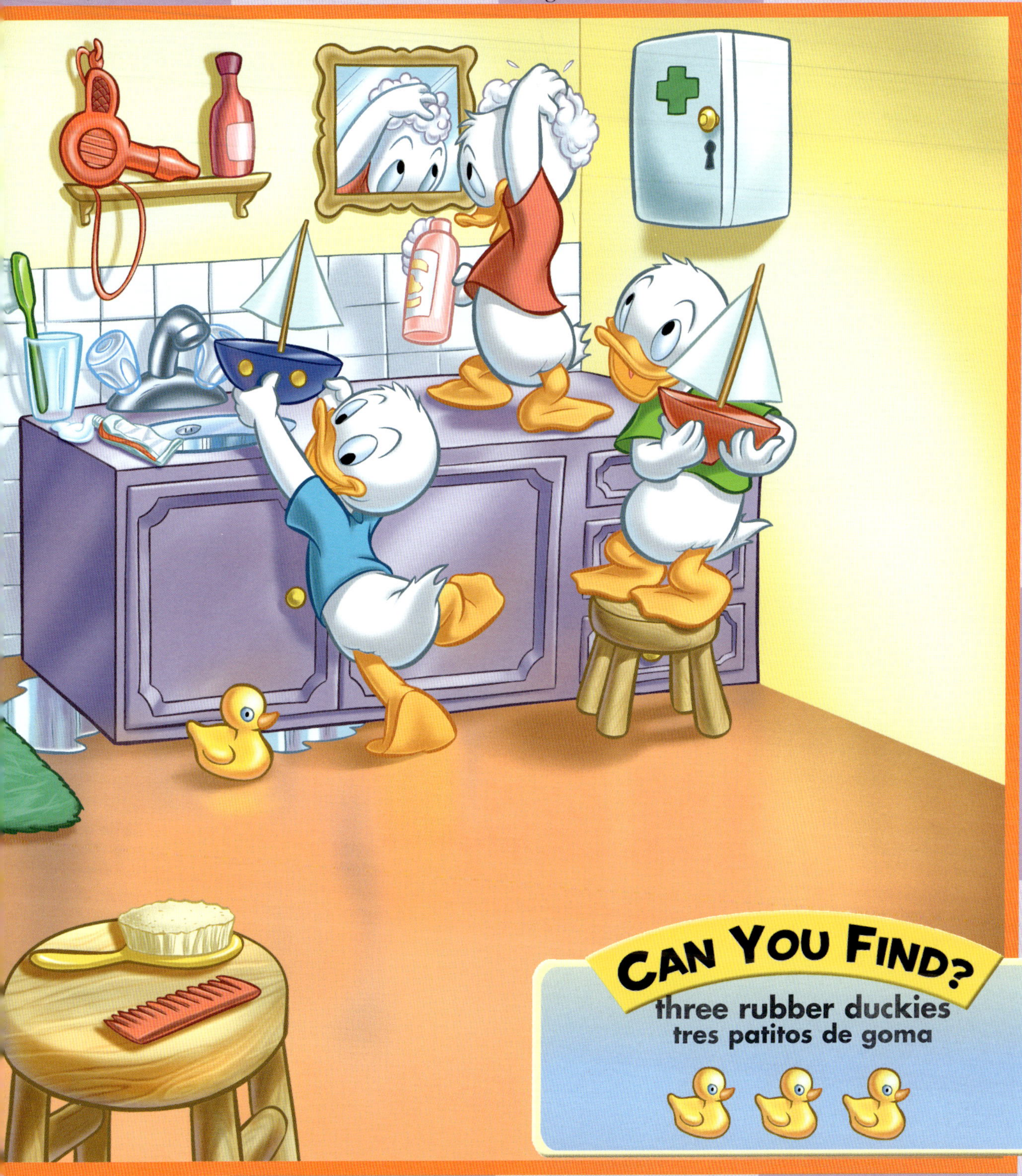

toilet
váter

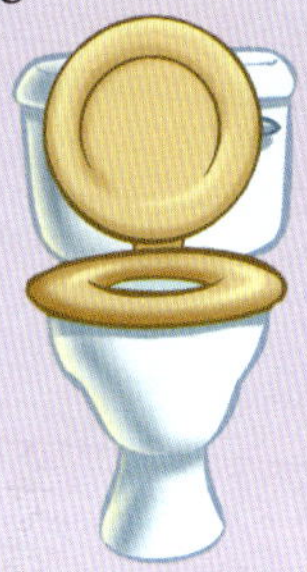

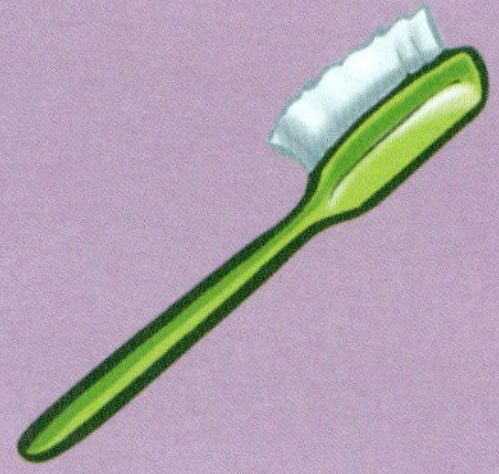

toothbrush
cepillo de dientes

mirror
espejo

sailboat
barquito de vela

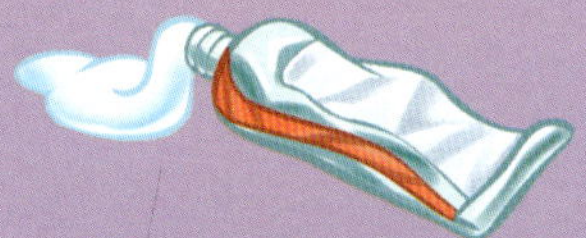

toothpaste
pasta de dientes

nailbrush
cepillo de uñas

bathtub
bañera

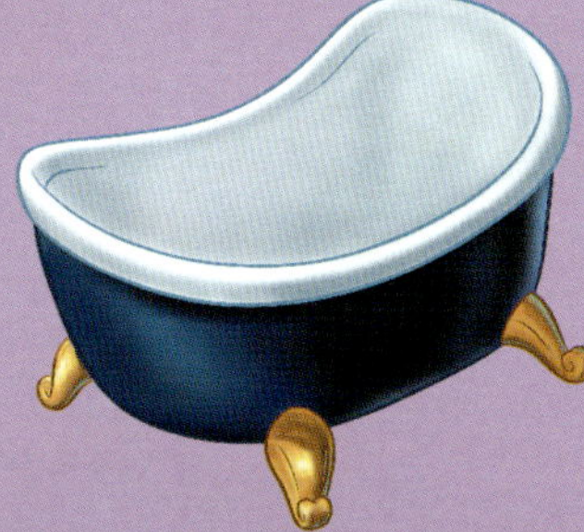

Babysitting in the Nursery

En la habitación del bebé con Reina y Golfo

baby carriage
cochecito de niño

mobile
móvil

bib
babero

rocking chair
mecedora

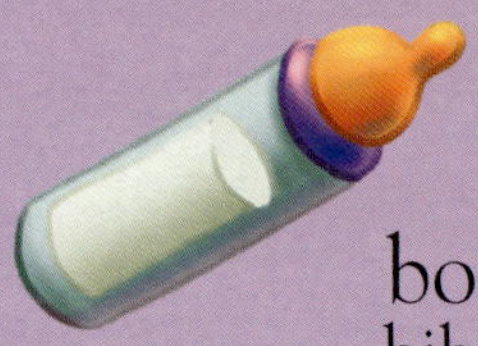

bottle
biberón

diaper
pañal

teething ring
mordedor

pacifie
chupet

with Lady and the Tramp

infant
niño pequeño

cradle
cuna

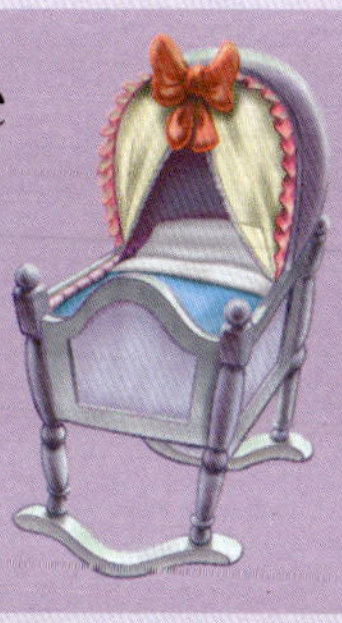

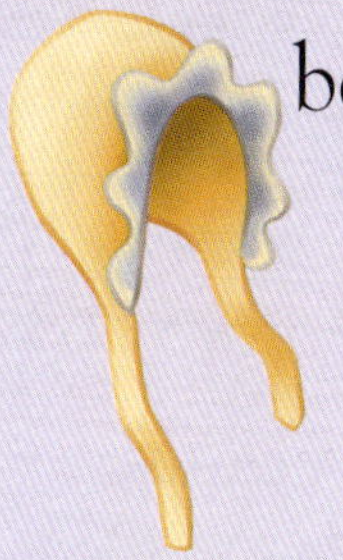

bonnet
gorrita

curtains
cortinas

CAN YOU FIND?

one rattle
un sonajero

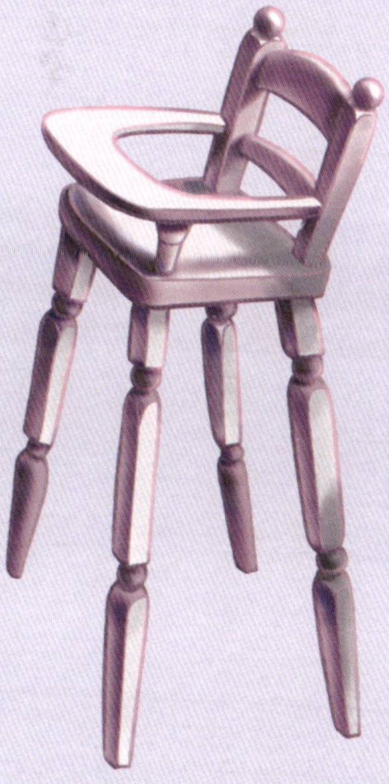

high chair
trona

crib
cuna

baby powder
polvos de talco

teddy bear
osito de peluche

Who's in Boo's Bedroom?

¿Quién está en el dormitorio de Boo?

night table
mesilla

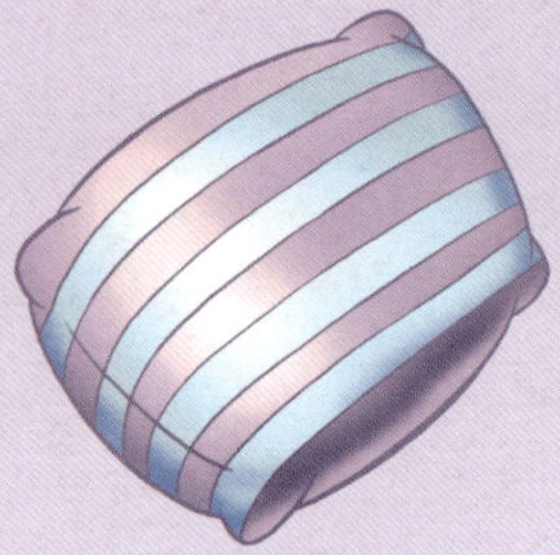

pillow
almohada

picture
cuadro

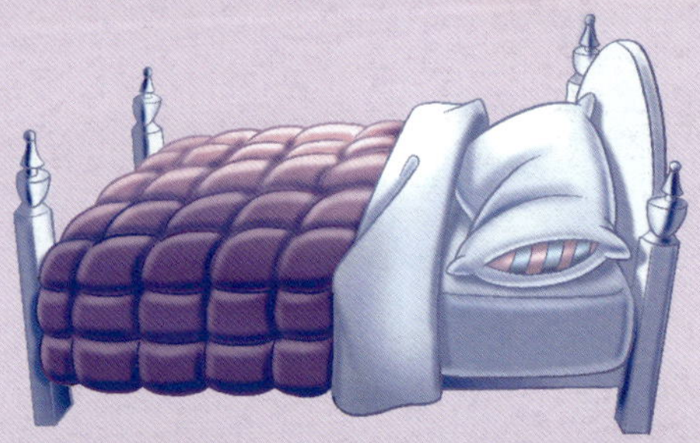

bed
cama

telephone
teléfono

carpet
alfombra

sheet
sábana

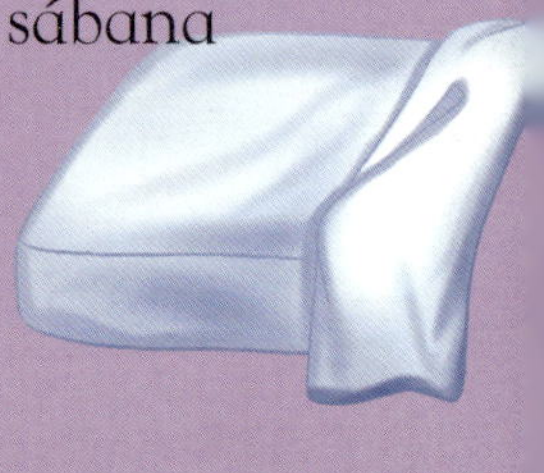

bedspread
colcha

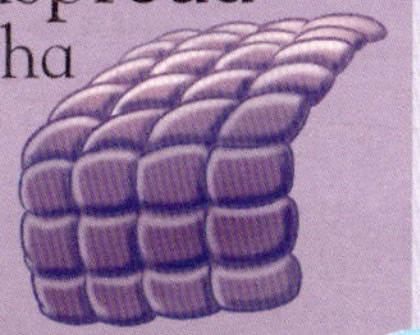

shelf
estante

alarm clock
despertador

robe
bata

dresser
cómoda

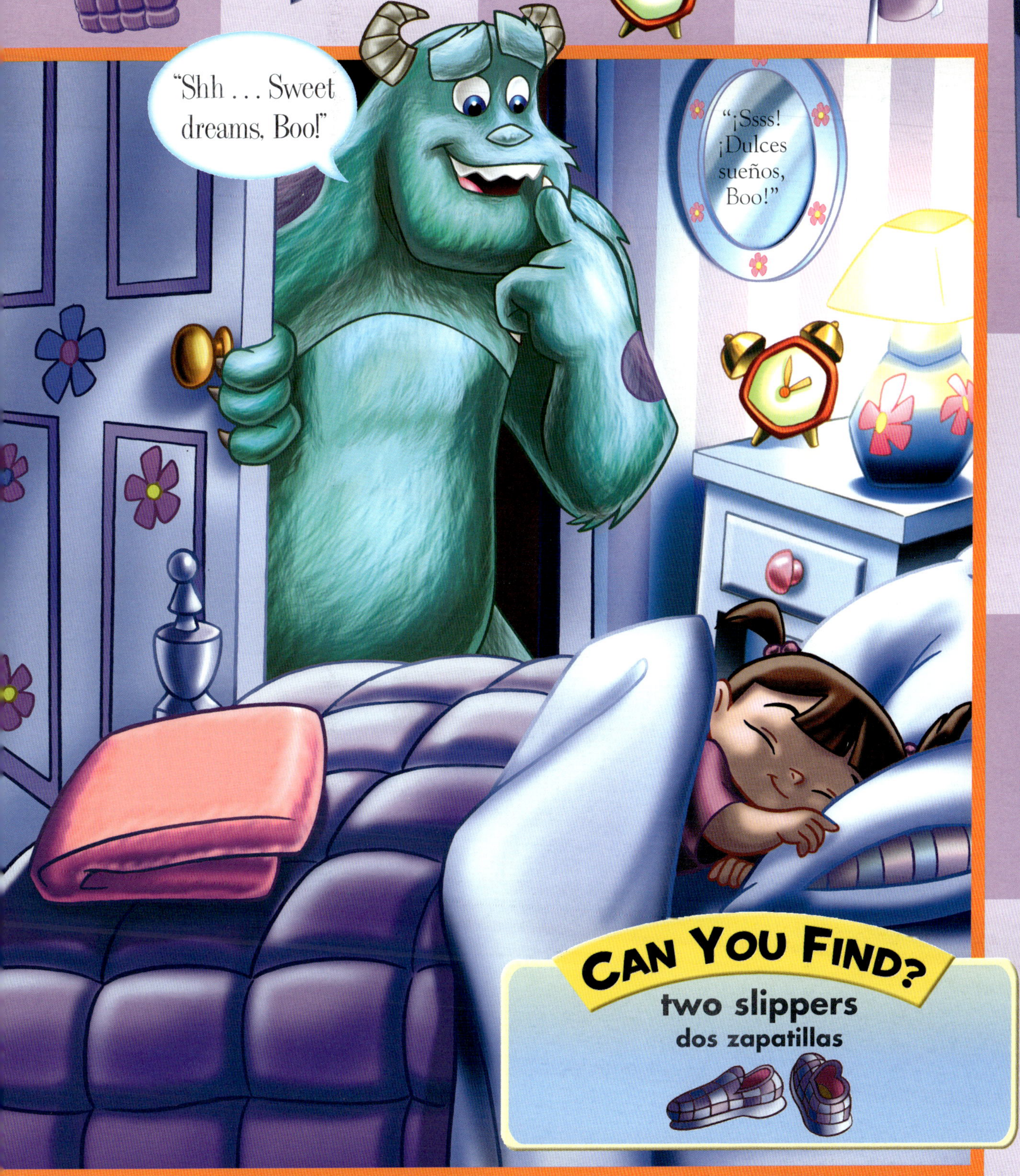

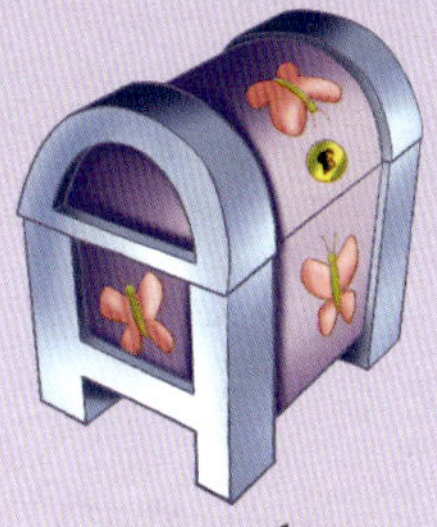

toy chest
baúl para juguetes

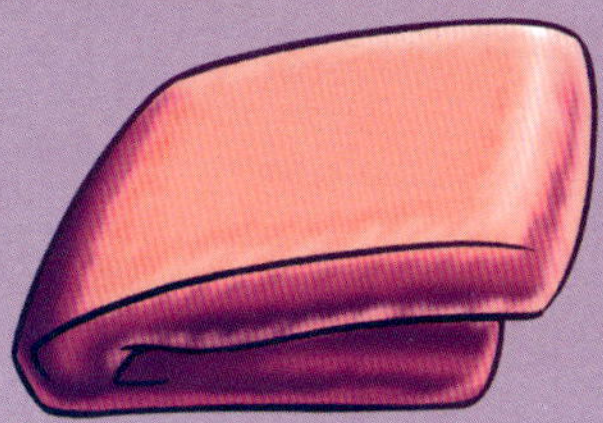

blanket
manta

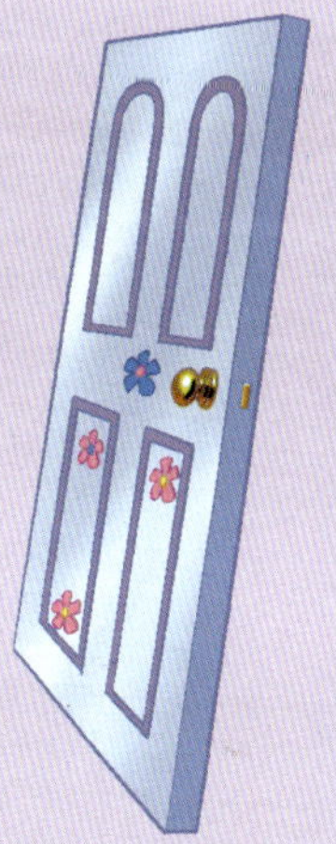

closet door
puerta del armario

pillowcase
funda de almohada

box
caja

drawer
cajón

hanger
percha

Cinderella Dresses the Mice

Cenicienta viste a los ratones

tiara
diadema

hat
sombrero

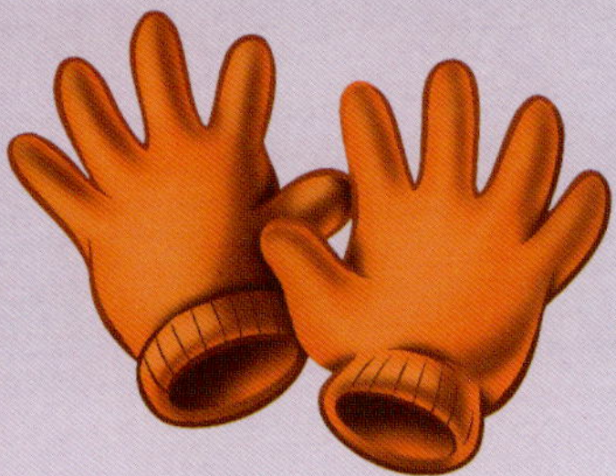

gloves
guantes

boots
botas

suit
traje

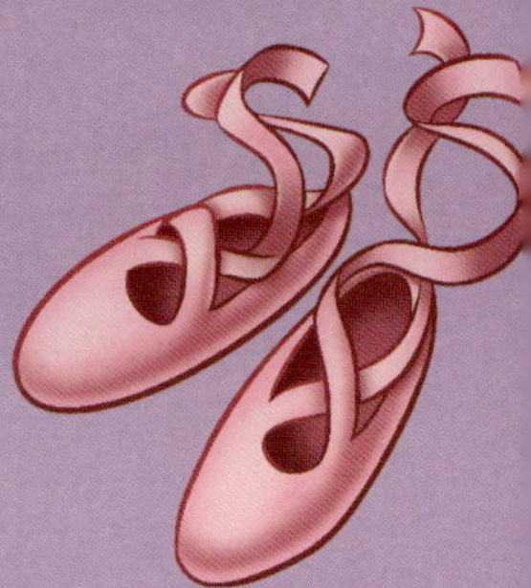

ballet slippers
zapatillas de ballet

coat
abrigo

umbrella
paraguas

sweater
jersey

skirt
falda

high heels
zapatos de tacón

gown
vestido

raincoat
chubasquero

sandals
sandalias

hair bow
lazo para el pelo

cap
gorra

belt
cinturón

scarf
camisa

shirt
camisa

bow tie
pajarita

socks
calcetines

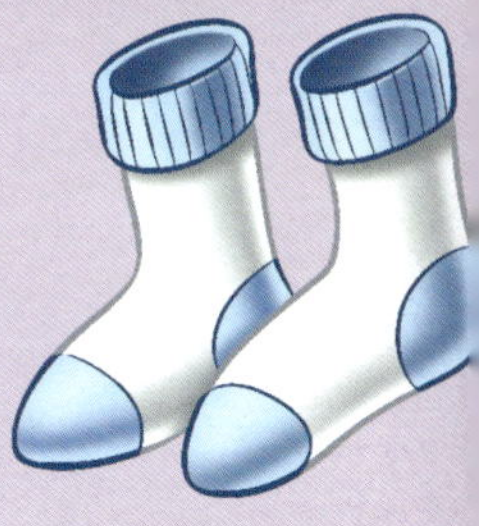

T-shirt
camiseta

tutu
tutú

blouse
blusa

shoes
zapatos

overalls
pantalón de peto

tie
corbata

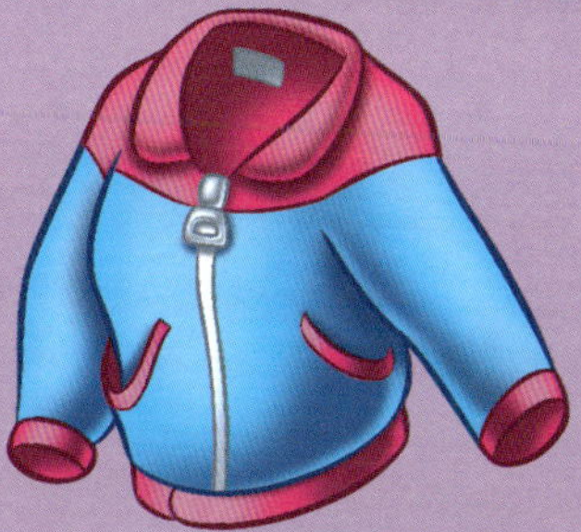

jacket
cazadora

shorts
pantalones cortos

purse
bolso

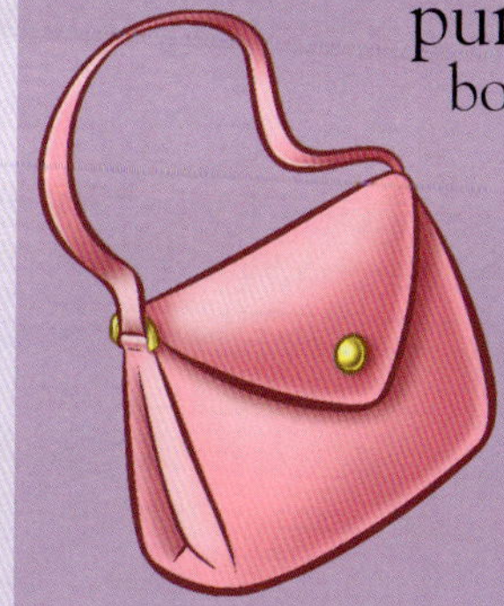

snowshoes
botas para la nieve

sneakers
zapatillas deportivas

pants
pantalones

tuxedo
esmoquín

"Cenicienta, ¡tienes muy buen gusto para la ropa!"

jeans
pantalones vaqueros

cape
capa

dress
vestido

mittens
manoplas

"¡Bienvenido
a la ciudad!"

La Ciudad y la Comunidad

Town and

Hay tantas cosas que hacer y ver. ¿Qué te gustaría hacer primero? ¿Te gustaría ver  o un  ? ¿Quieres unirte a  y  mientras echan una carta al correo? ¿Te gustaría montar en  o coger un  para visitar a Andy en su clase? Será divertido hablar con un  o un  y ver lo que hacen.

Community

Mickey and Friends Tour the Town

Mickey y sus amigos visitan la ciudad

bakery
panadería

bank
banco

bus stop
parada de autobús

florist
floristería

dress shop
tienda de ropa

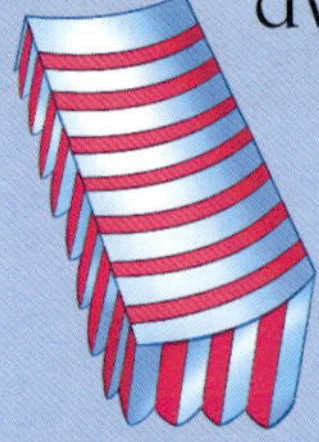

awning
toldo

magazine
revista

sweetshop
confitería

newsstand
quiosco

lamppost
farola

road
carretera

department store
grandes almacenes

movie theater
cine

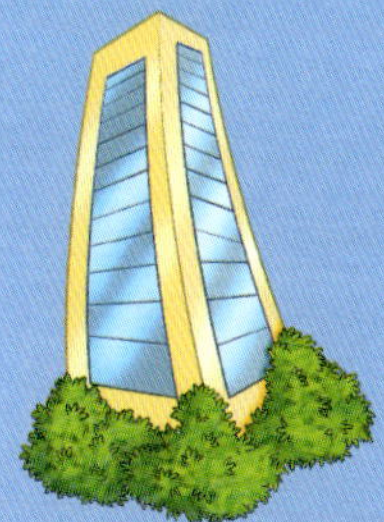

office building
edificio de oficinas

apartment building

edificio de apartamentos

butcher
carnicería

restaurant
restaurante

newspaper
periódico

library
biblioteca

grocery
tienda de ultramarinos

traffic light
semáforo

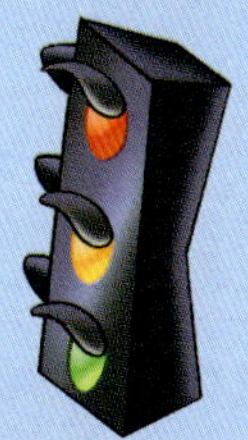

TOWN AND COMMUNITY

Buzz Lightyear in the Toy Store

Buzz Lightyear en la juguetería

electric train
tren eléctrico

dinosaur
dinosaurio

action figure
muñequito

piggy bank
hucha de cerdito

stuffed animals
animales de peluche

board game
juego de mesa

jigsaw puzzle
rompecabezas

chess
ajedrez

top
peonza

blocks
cubos

doll
muñeca

rocking horse
caballito balancín

toys
juguetes

rocket
cohete

space ranger
patrulla espacial

dominoes
dominó

playing cards
naipes

telescope
telescopio

checkers
fichas

TOWN AND COMMUNITY

Minnie at the Department Store

Minnie en los grandes almacenes

VCR
vídeo

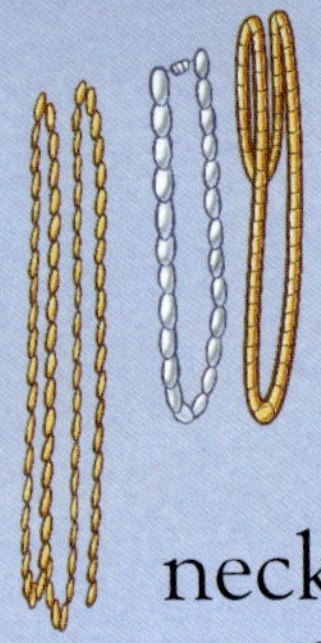

necklaces
collares

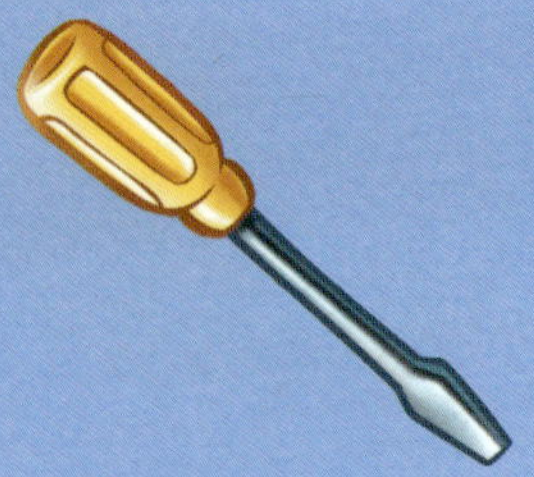

screwdriver
destornillador

drill
taladro

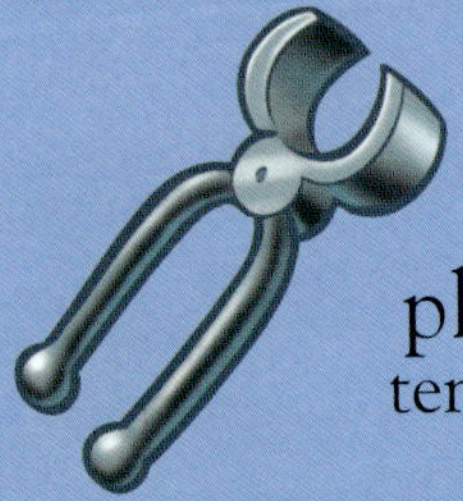

pliers
tenazas

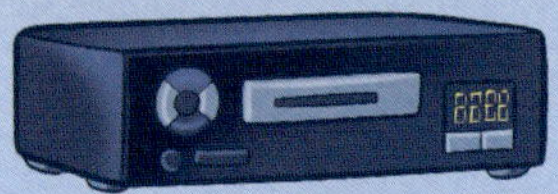

CD player
reproductor de Cds

mouse pad
alfombrilla para el ratón

silver ring
anillo de plata

cell phone
teléfono móvil

bracelets
pulseras

printer
impresora

radio
radio

wristwatch
reloj de pulsera

calculator
calculadora

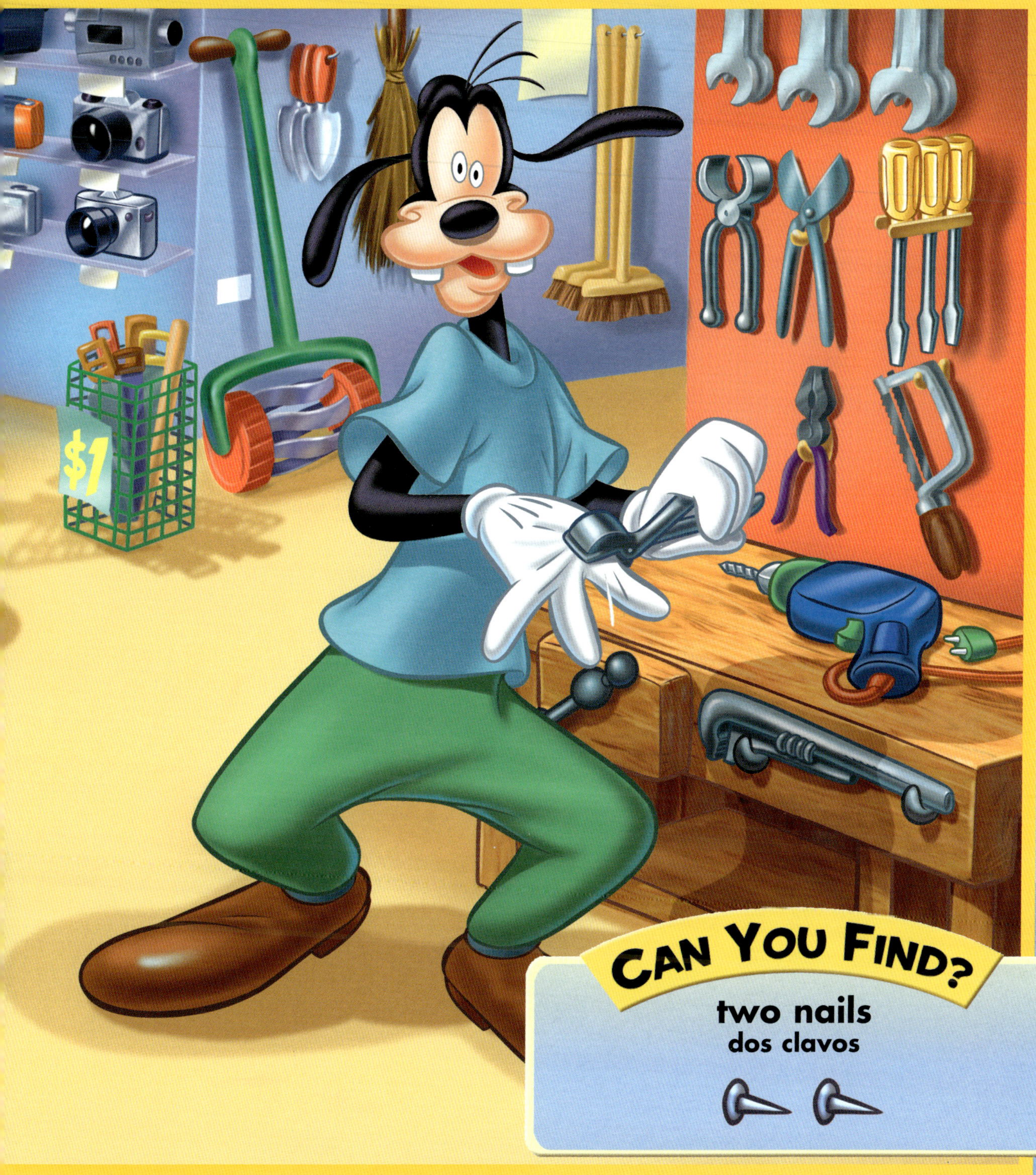

computer mouse
ratón del ordenador

earrings
pendientes

gold ring
anillo de oro

video camera
cámara de vídeo

camera
cámara

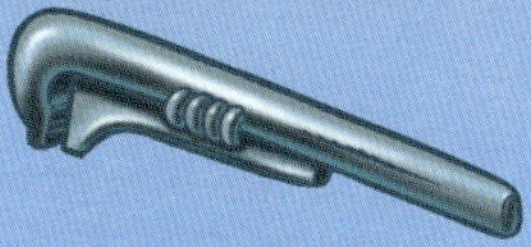
wrench
llave inglesa

tape recorder
radio-casete

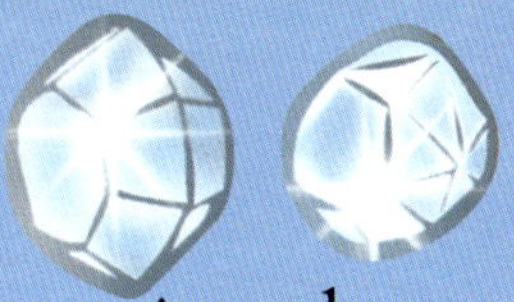
jewels
joyas

computer
ordenador

Mike and Celia in theRestaurant

Mike y Celia en el restaurante

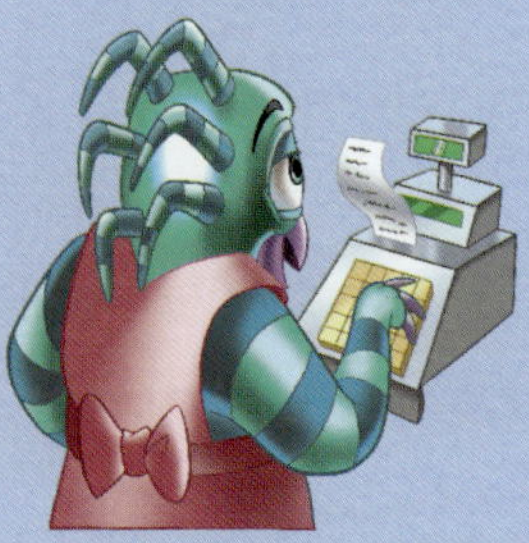

cashier
cajero

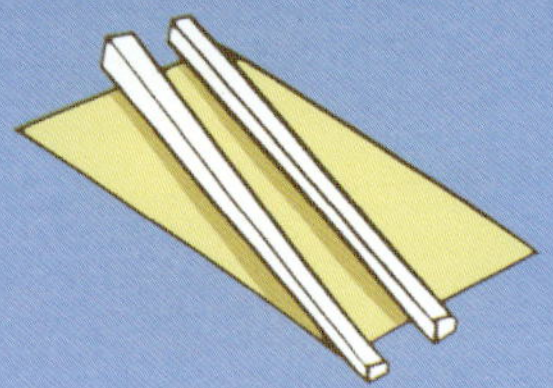

chopsticks
palillos chinos

ice
hielo

soy sauce
salsa de soja

booth
reservado

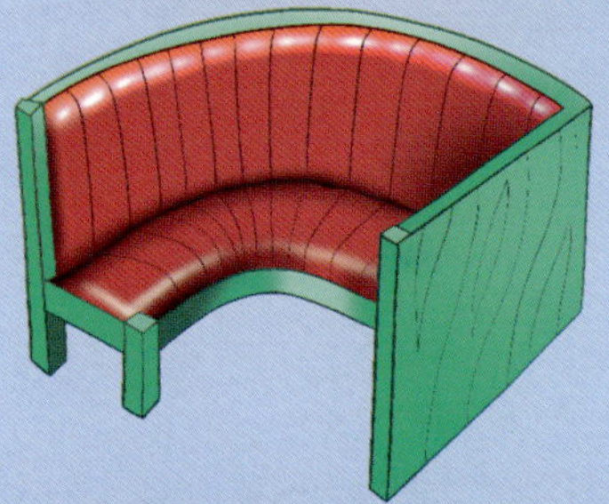

iced tea
té helado

money
dinero

menu
menú

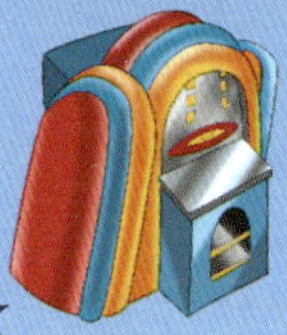

jukebox
gramola

credit card
tarjeta
de crédito

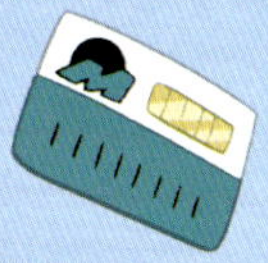

waiter
camarero

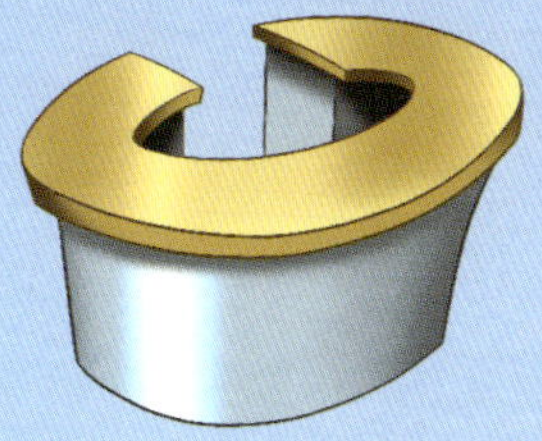

counter
mostrador

cash register
caja registradora

coins
monedas

wallet
billetera

sushi
sushi

check
cuenta

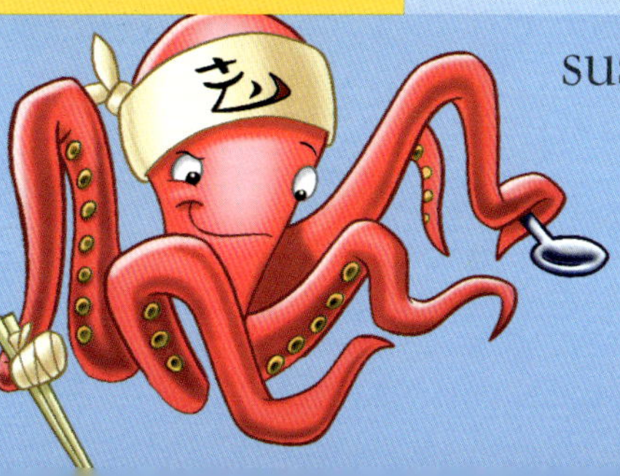

sushi chef
cocinero
de sushi

101 Dalmatians at the Sweetshop

101 dálmatas en la confitería

maple syrup
jarabe de arce

muffins
magdalenas

doughnuts
donuts

cookies
galletas

sprinkles
azucareros

croissants
cruasanes

cupcakes
merengues

ice cream
helado

scones
bollitos

ice-cream sundae
copa de helado

chopped nuts
nueces trituradas

hot chocolate
chocolate caliente

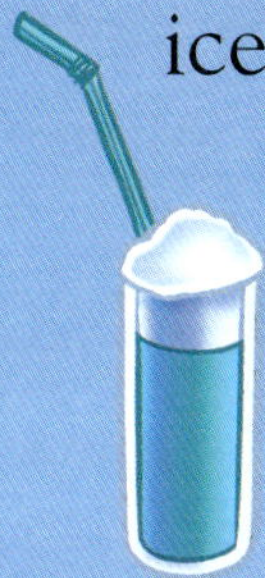
ice-cream
soda
refresco
helado

whipped cream
nata montada

candy
golosinas

cinnamon buns
pastas de canela

waffle
gofre

ice-cream cone
cucurucho de helado

pie
empanada

fruit
punch
ponche
de fruta

Lilo and Stitch at the Post Office

Lilo y Stitch en la oficina de correos

postage stamps
sellos

ink pad
almohadilla de tinta

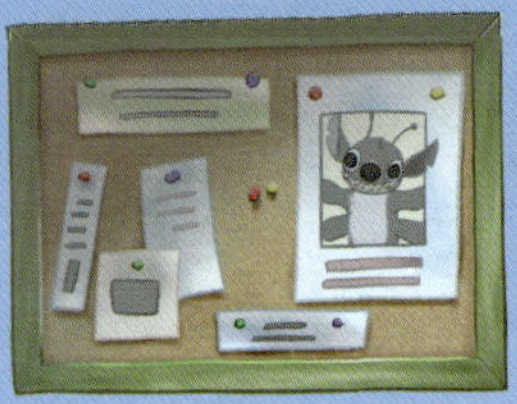

bulletin board
tablón de anuncios

clerk
funcionario

address book
libreta de direcciones

rubber stamp
sello de caucho

envelope
sobre

mailbag
cartera

package
paquete

waiting line
cola

address
dirección

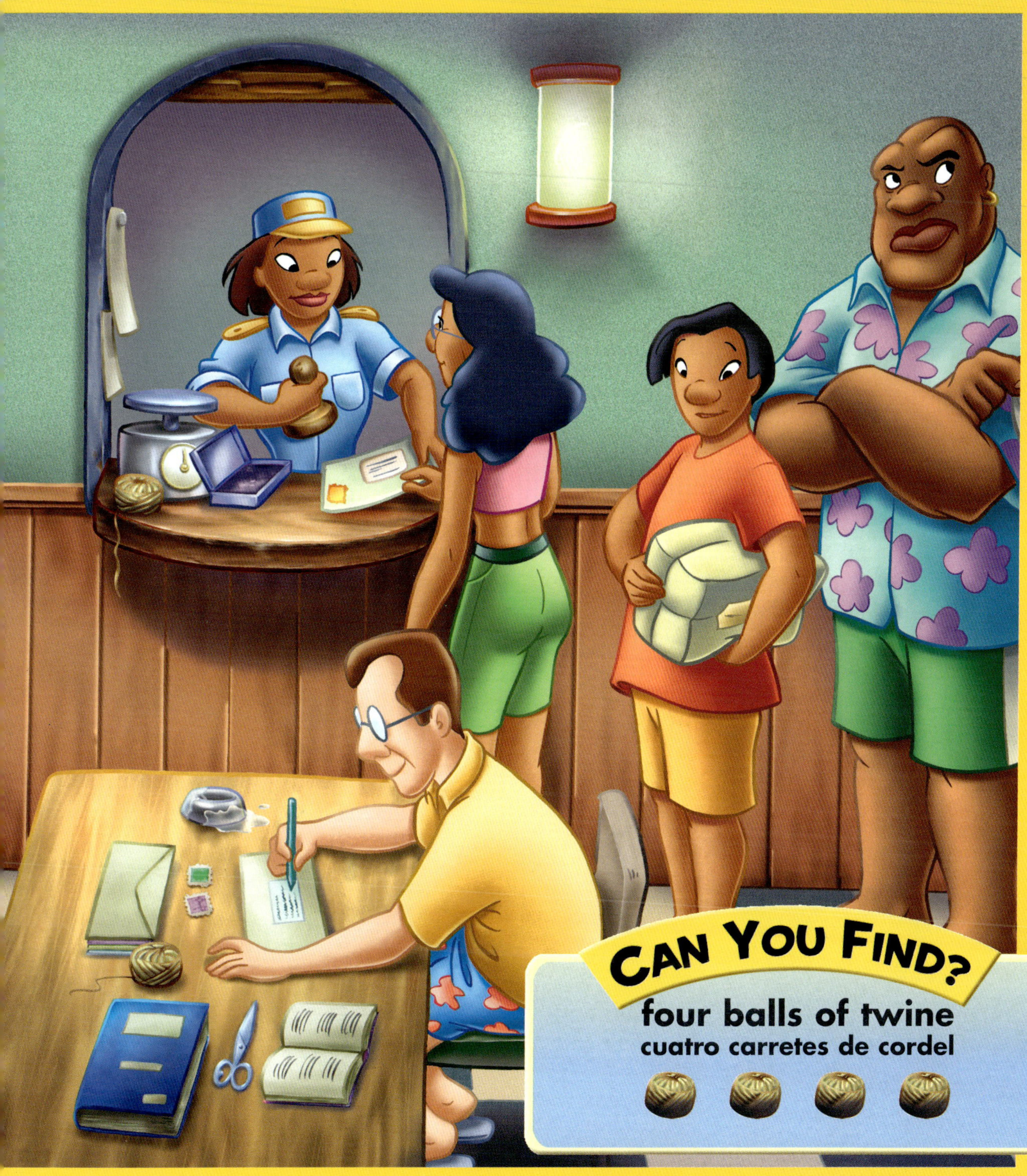

Can You Find?

four balls of twine
cuatro carretes de cordel

letter carrier
cartero

letter
carta

poster
cartel

keys
llaves

mail
correo

pushpins
chinchetas

postcard
postal

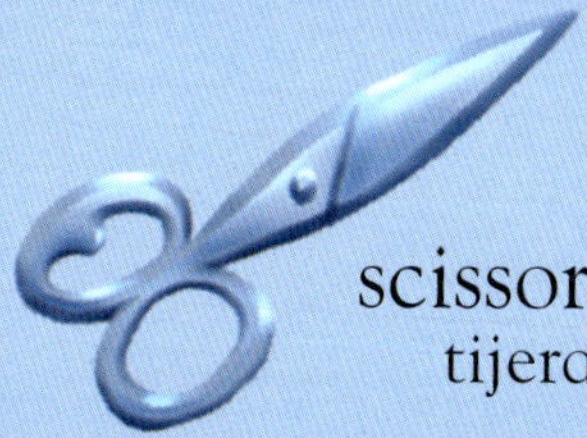

scissors
tijeras

Buzz and Woody at Andy's School

teacher
profesora

graph paper
papel milimetrado

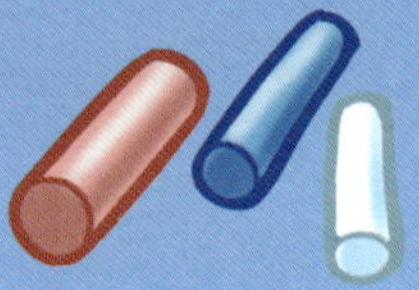
chalk
tiza

blackboard
pizarra

comic book
cómic

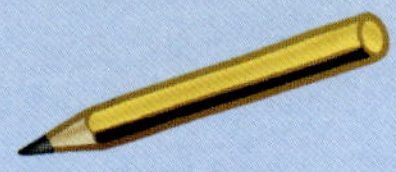
pencil
lápiz

coatrack
perchero

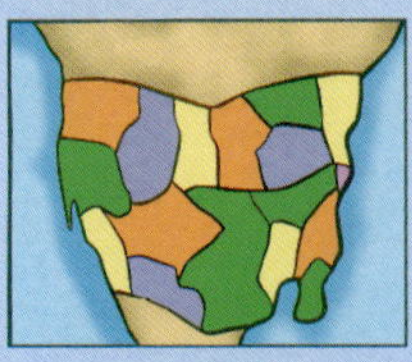
map
mapa

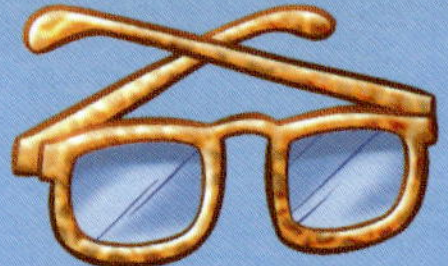
eyeglasses
gafas

Buzz y Woody en el colegio de Andy

desk
pupitre

backpack
mochila

textbook
libro de texto

lunch box
cartera del almuerzo

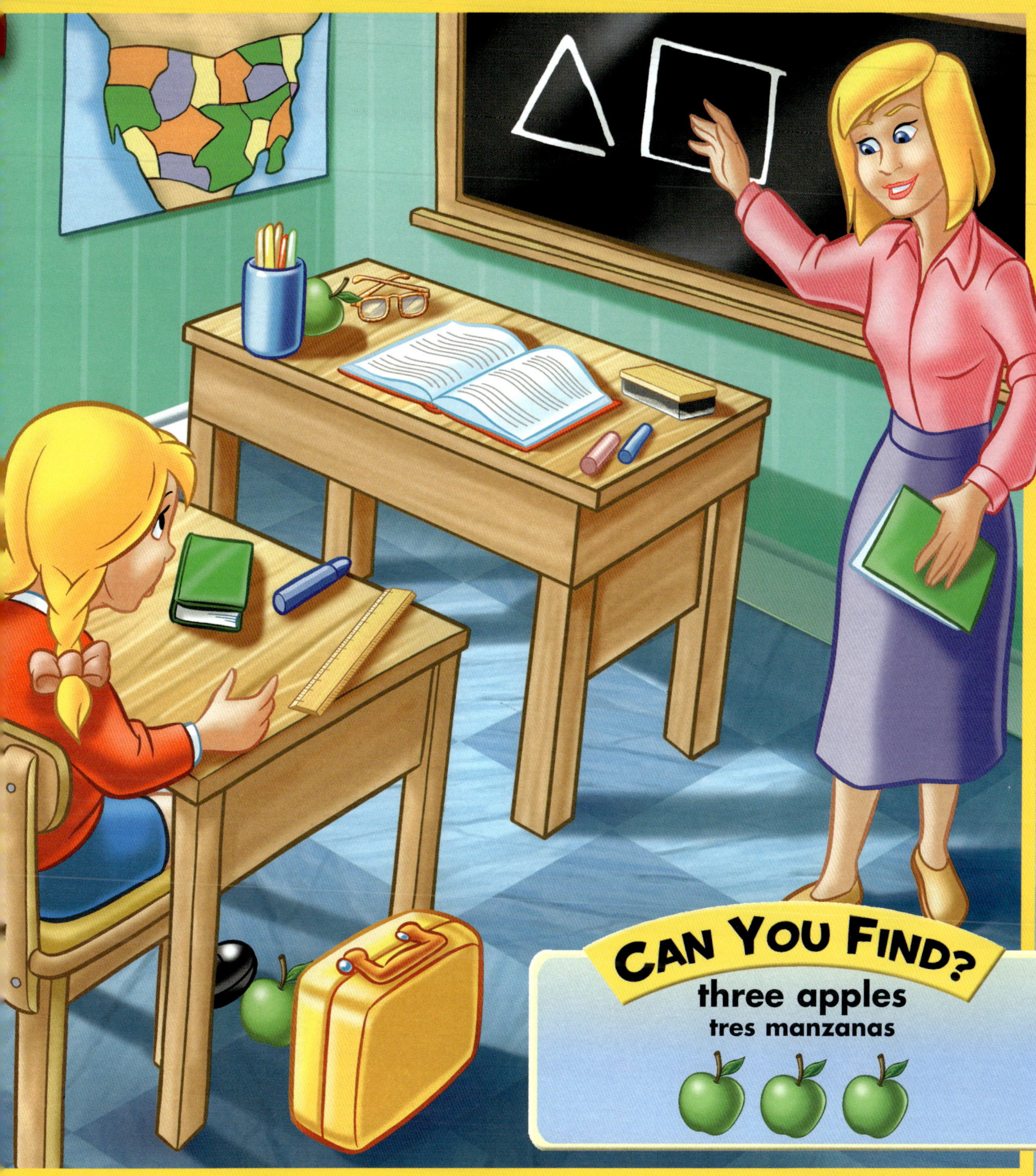

notebook
cuaderno

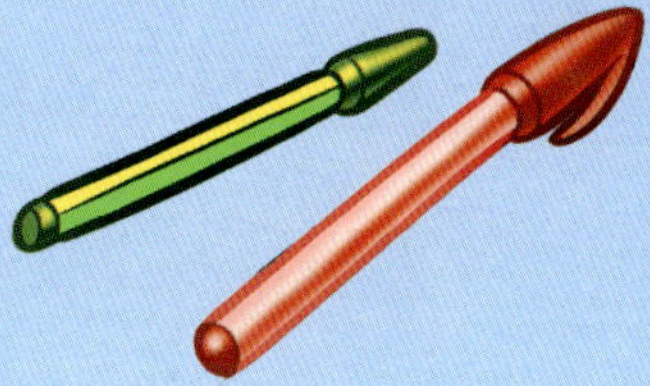

felt-tip pens
rotuladores

CAN YOU FIND?

three apples
tres manzanas

globe
globo terráqueo

glue
pegamento

pens
bolígrafos

eraser
borrador

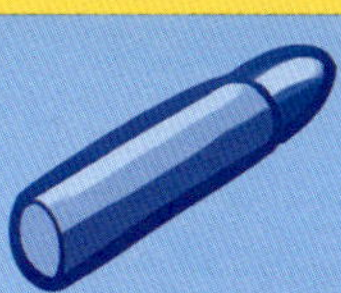

crayon
lápiz de color

ruler
regla

Lady and the Tramp at the Vet's

Reina y Golfo en el veterinario

rubber gloves
guantes de goma

vet
veterinario

waiting room
sala de espera

cotton balls
bolitas de algodón

examining table
mesa para los reconocimientos

CAN YOU FIND?
four cotton swabs
cuatro bastoncillos de algodón

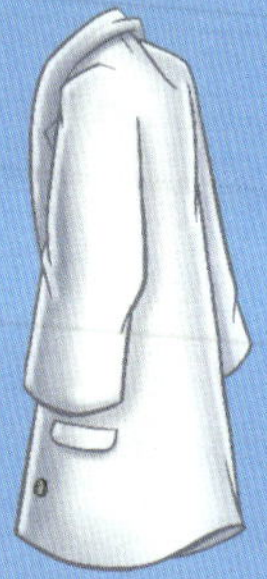

lab coat
bata

bandage
venda

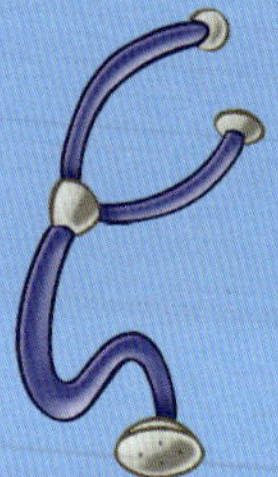

stethoscope
estetoscopio

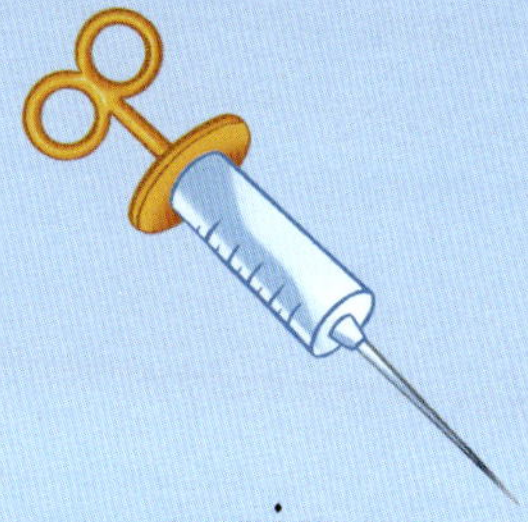

syringe
jeringuilla

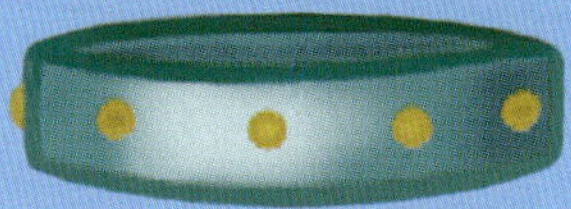

dog collar
collar de perro

mask
mascarilla

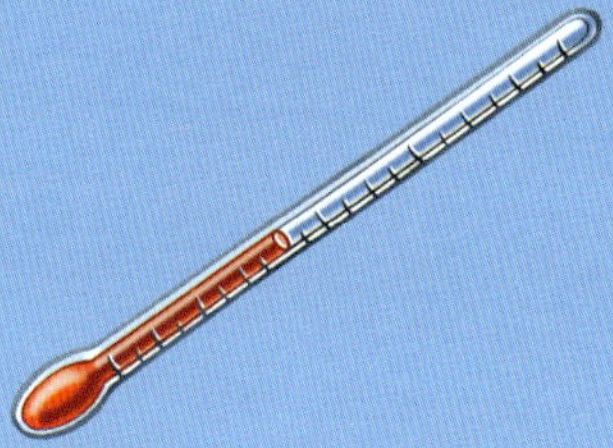

thermometer
termómetro

scale
peso

tissues
pañuelos de papel

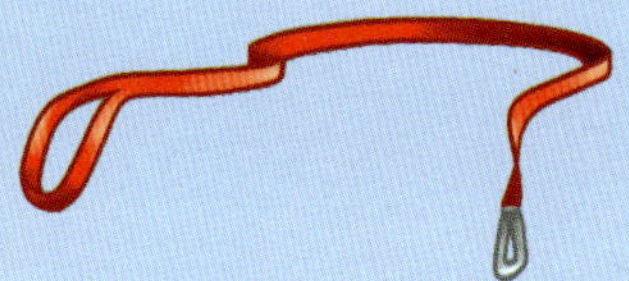

leash
correa

dog tag
chapa identificativa

X-ray
radiografía

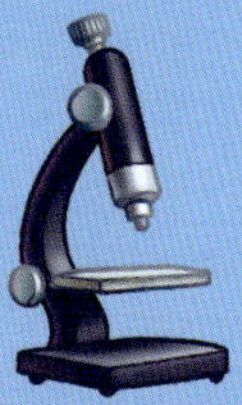

microscope
microscopio

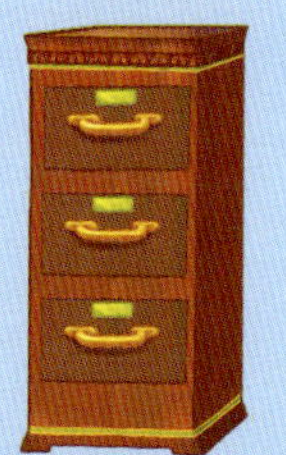

file cabinet
archivo

file
informe

Donald Visits the Fire Station

Donald visita el parque de bomberos

firehouse
parque de bomberos

fire chief
jefe de bomberos

ax
hacha

firefighter
bombero

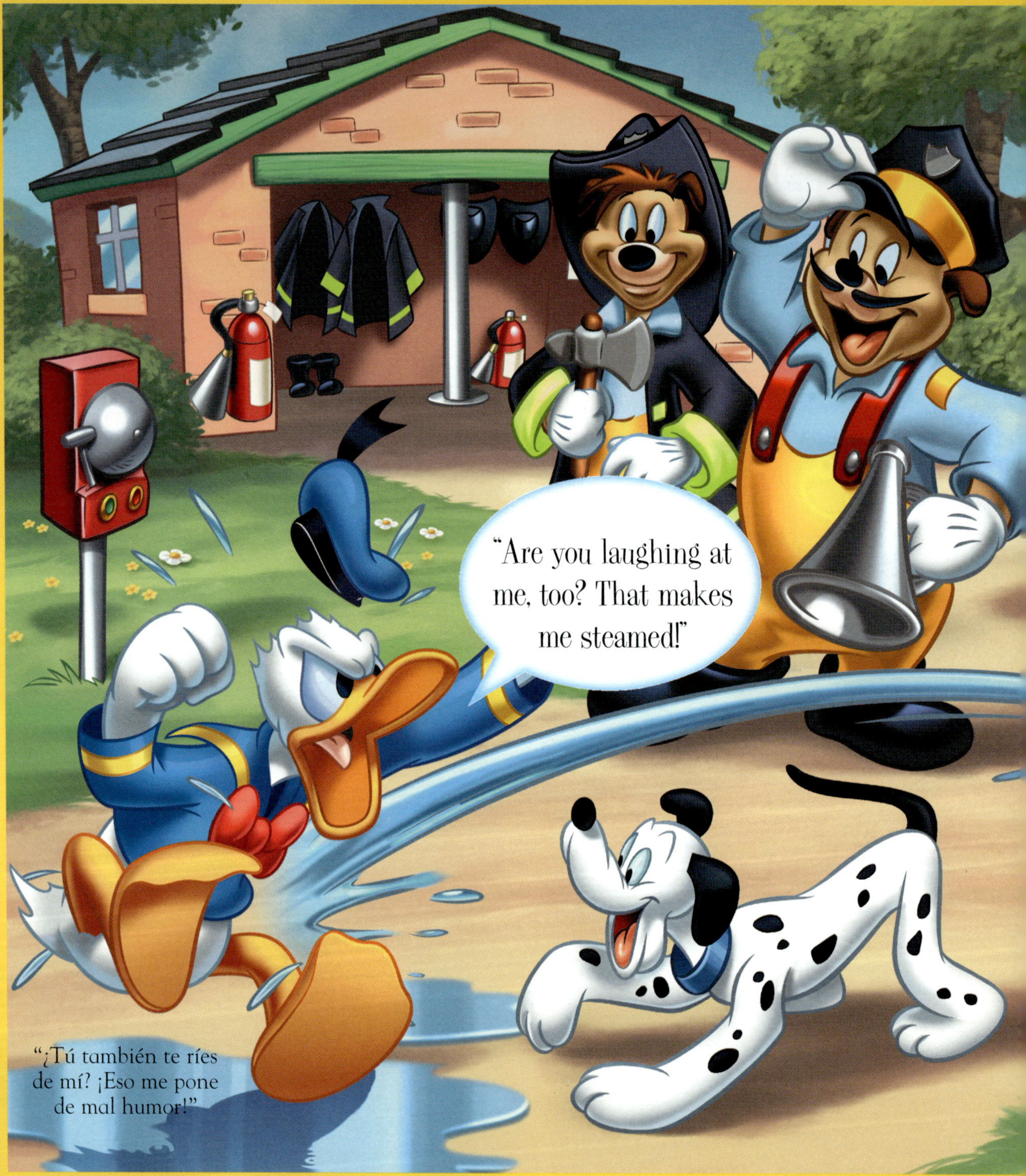

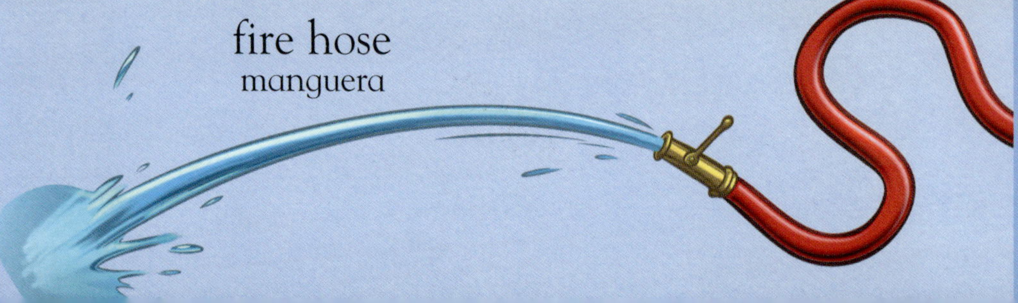

fire hose
manguera

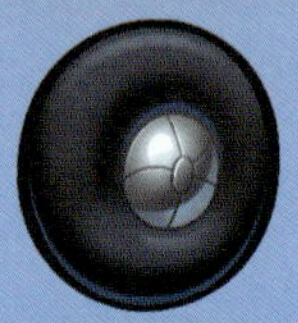

wheel
rueda

fire truck
camión de bomberos

fire hydrant
boca de incendio

steering wheel
volante

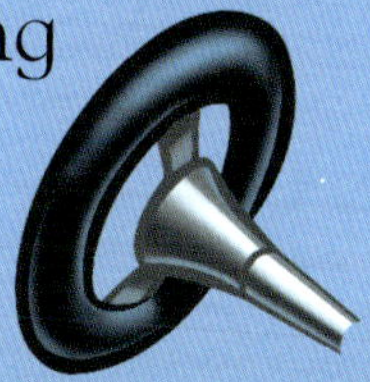

ladder
escalera de mano

bell
campana

fire extinguisher
extintor

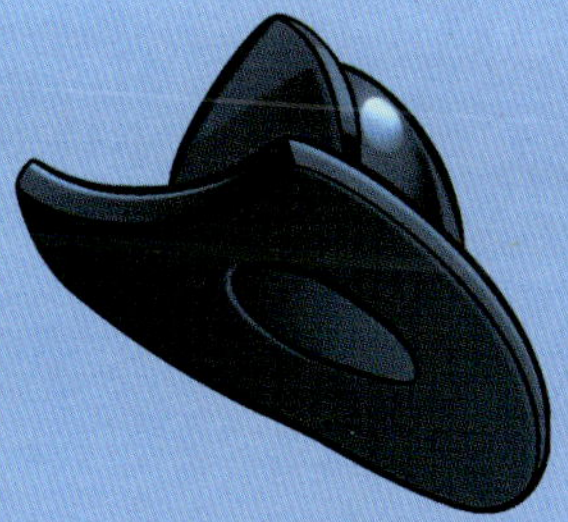

helmet
casco

pole
barra

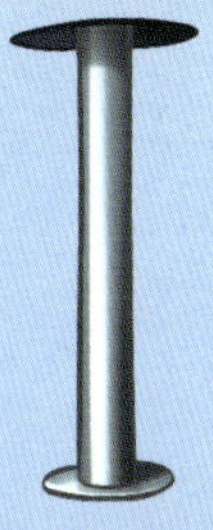

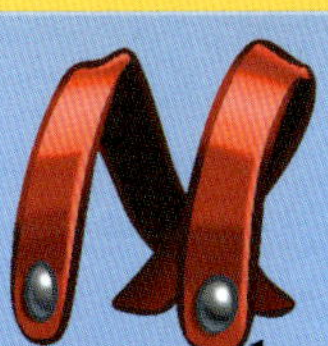

suspenders
tirantes

bullhorn
bocina

hubcap
tapacubos

alarm
alarma

Aladdin Takes a Ride

Aladdín da un paseo

rowboat
barca de remos

tricycle
triciclo

tugboat
remolcadora

mobile home
autocaravana

double-decker bus
autobús de dos pisos

ferry
transbordador

ambulance
ambulancia

houseboat
casa flotante

taxi
taxi

boat
velero

bicycle
bicicleta

truck
camión

moving van
camión de mudanzas

submarine
submarino

tanker
petrolero

motorcycle
motocicleta

"¡Bienvenido a mi alfombra mágica! ¿Puede haber una forma mejor de viajar?"

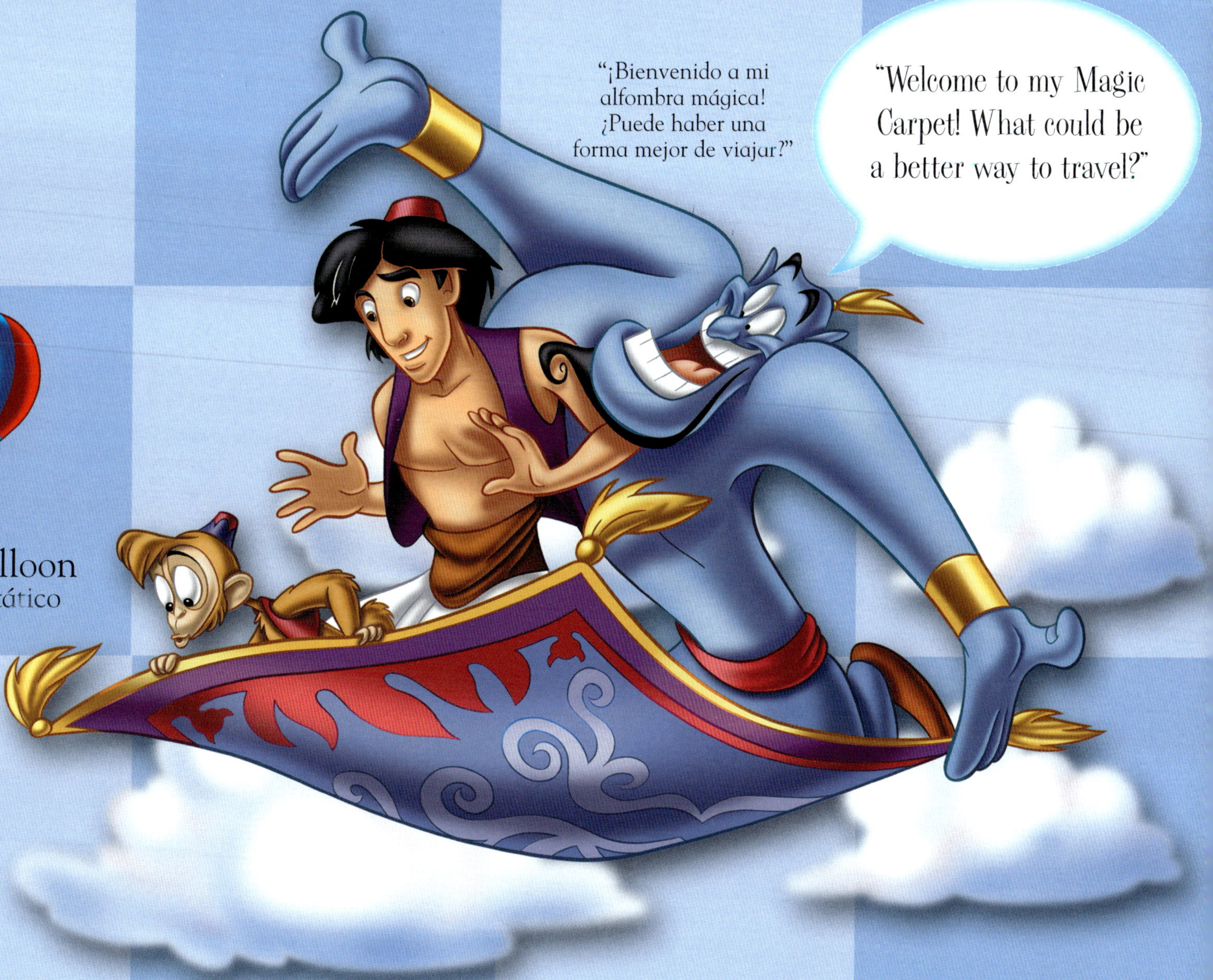

hot-air balloon
globo aerostático

rocket ship
cohete espacial

ice-cream truck
camión de los helados

cruise ship
transatlántico

police car
coche de policía

school bus
autobús escolar

train
tren

tank
tanque

van
furgoneta

Buzz Finds a Toy Bulldozer

Buzz encuentra un bulldozer

dump truck
camión volquete

cement mixer
hormigonera

forklift
carretilla elevadora

crane
grúa

bulldozer
bulldozer

tractor
tractor

snowplow
quitanieves

"¿Puedes encontrar otro bulldozer? ¿Qué más puedes ver?"

plow
arado

street sweeper
máquina barredora

tow truck
camión grúa

pickup truck
camioneta pickup

garbage truck
camión de la basura

steamroller
apisonadora

Mickey and Friends at the Airport

Mickey y sus amigos en el aeropuerto

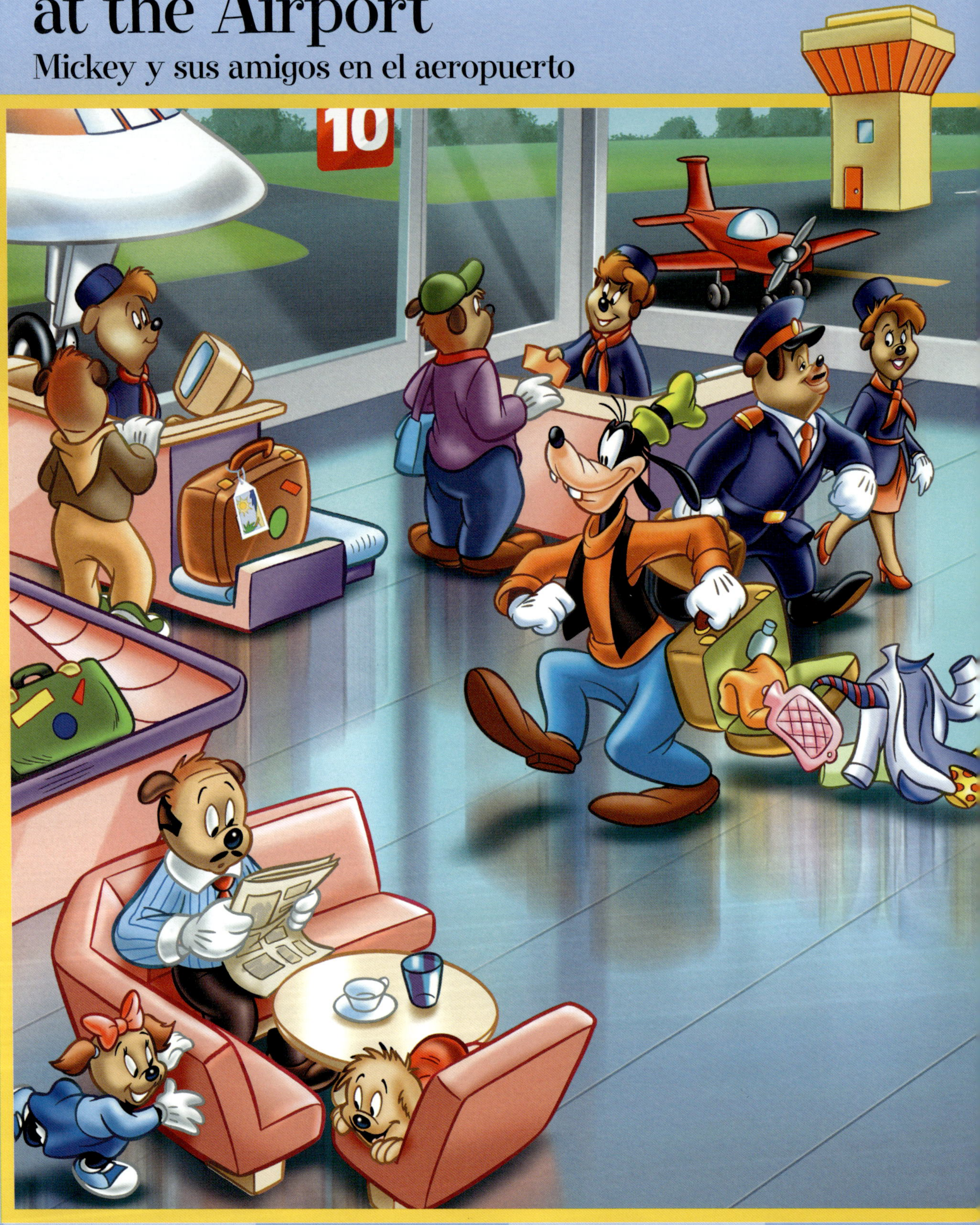

jet plane
reactor

customs
aduana

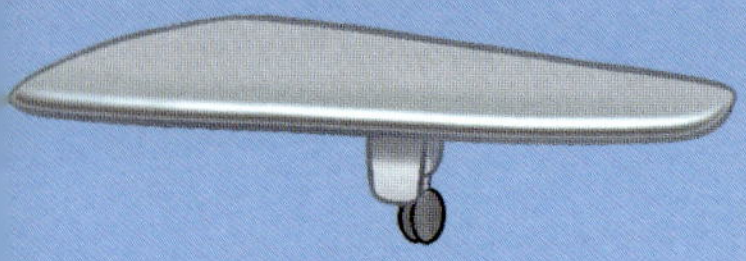

wing
ala

flight attendant
azafata de vuelo

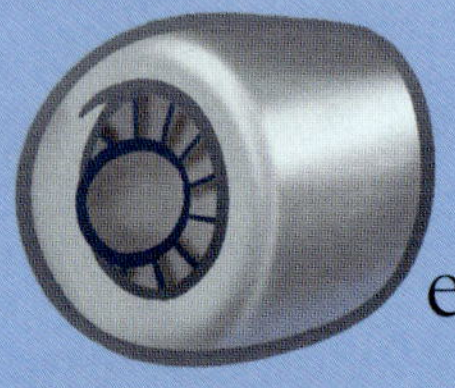

engine
motor

propeller
helice

fuel truck
camión cisterna

pilot
piloto

luggage
equipaje

airplane
avión

passport
pasaporte

passenger
pasajera

customs officer
oficial de aduanas

control tower
torre de control

ticket agent
control de billetes

eck-in
turación

lounge
sala de espera

luggage tag
etiqueta
para el equipaje

tail
cola

TOWN AND COMMUNITY

Monsters at Work

Monstruos en acción

athlete
atleta

doctor
médico

carpenter
carpintero

police officer
policía

magician
mago

TV anchor
presentador de televisión

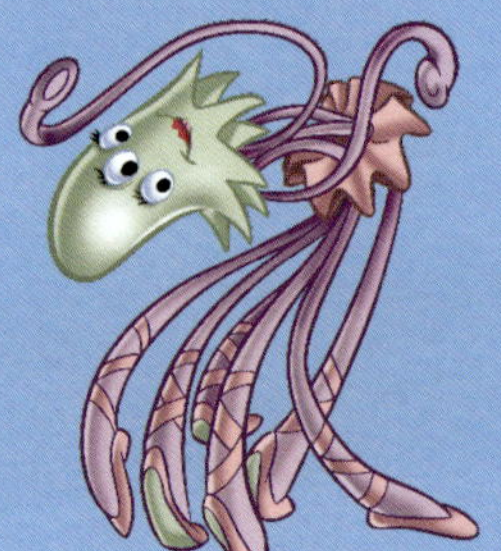

ballet dancer
bailarín

sailor
marinero

librarian
bibliotecaria

photographer
fotógrafo

chef
cocinero

construction worker
albañil

bus driver
conductor de autobús

hairdresser
peluquero

painter
pintor

housekeeper
ama de llaves

plumber
fontanero

astronaut
astronauta

secretary
secretaria

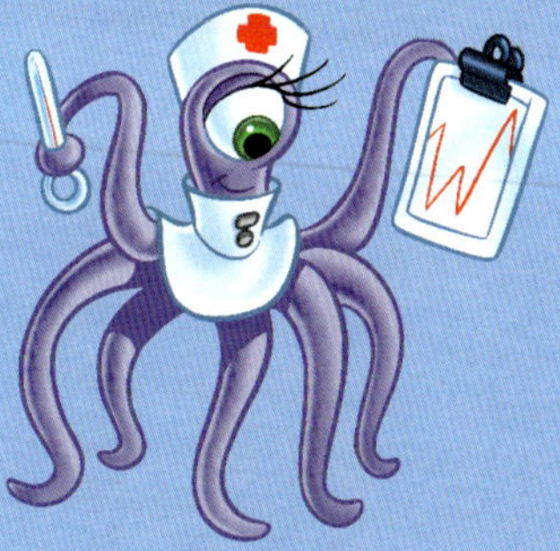

nurse
enfermera

doorman
portero

dentist
dentista

auto mechanic
mecánico de coches

taxi driver
taxista

Having Fun

Tiempo Libre

"¡Hola! ¿Estás preparado para divertirte?"

Pasa la página y únete a

en el circo. Lanza un  a .

Baila con los . Posa para un .

Ve a un parque de atracciones con

los  y tómate un .

Después, juega en la playa y construye

un  con .

¡Pásalo en grande!

HAVING FUN

Dumbo at the Circus

Dumbo en el circo

cage
jaula

circus tent
carpa del circo

sword
espada

Can You Find?

six peanuts
seis cacahuetes

clown
payaso

top hat
sombrero de copa

ringmaster
director
de pista

megaphone
megáfono

juggler
malabarista

tailcoat
frac

feather
pluma

trapeze artist
trapecista

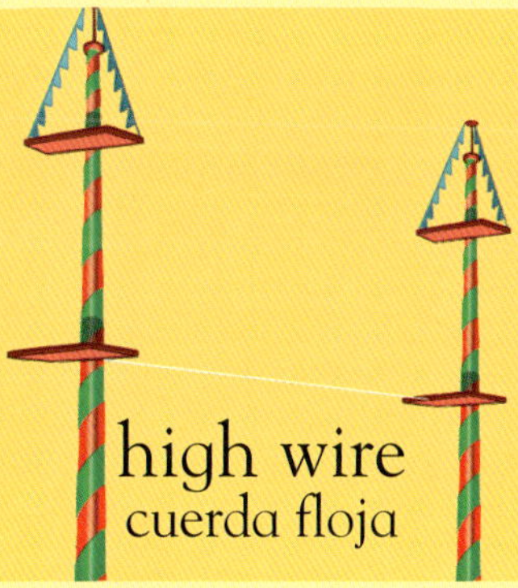

high wire
cuerda floja

hoop
aro

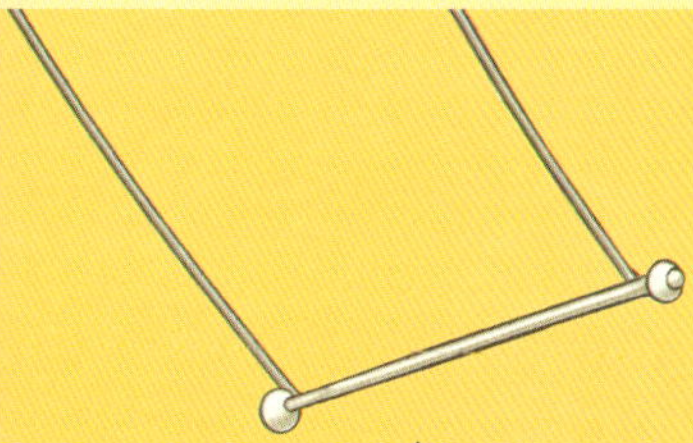

trapeze
trapecio

lion
tamer
domador
de
fieras

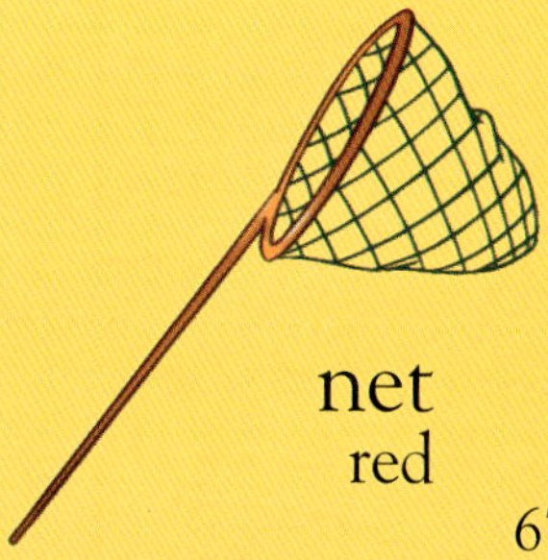

net
red

Pongo and Perdita at the Amusement Park

fun house
casa de la risa

fudge
caramelo de dulce de leche

haunted house
casa encantada

dragon
dragón

drawbridge
puente levadizo

ticket
ticket

tower
torre

ticket taker
taquilla

monkey
mono

Pongo y Perdita en el parque de atracciones

cotton candy
algodón de azúcar

organ grinder
acordeonista

Ferris wheel
noria

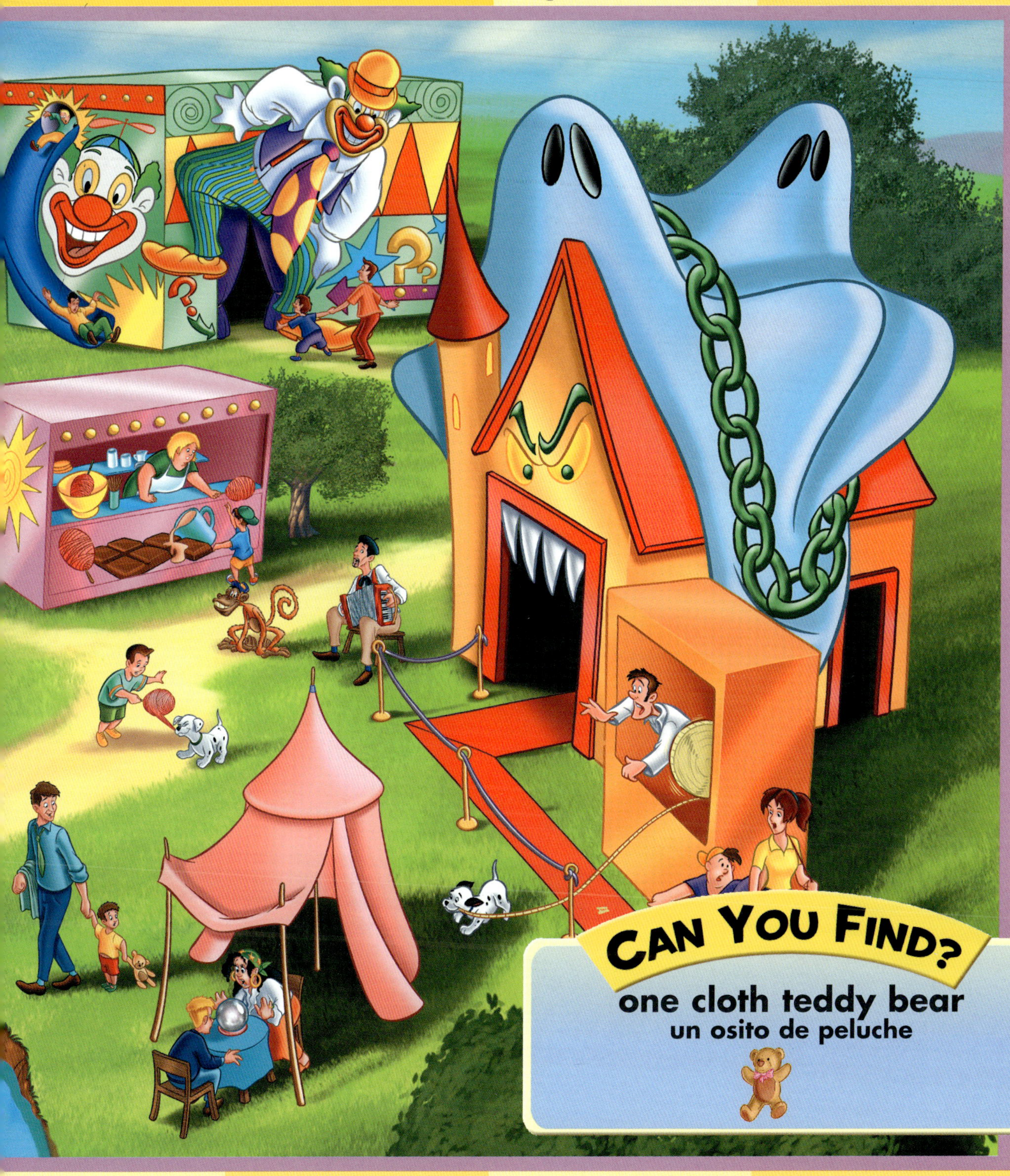

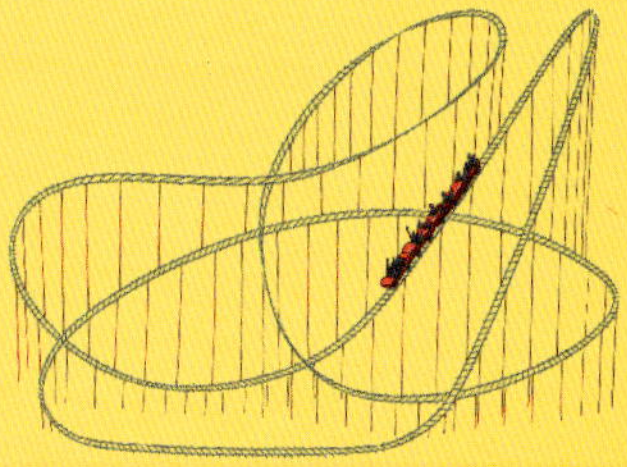
roller coaster
montaña rusa

moat
foso

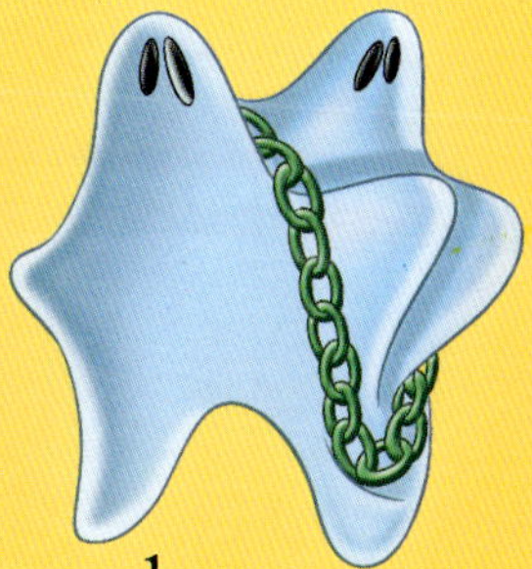
ghosts
fantasmas

castle
castillo

carousel
carrusel

crystal ball
bola de cristal

fortune teller
adivina

paddleboat
patín

Playing in the Park with Lady and the Tramp

Jugando en el parque con Reina y Golfo

jogger
corredor

park
parque

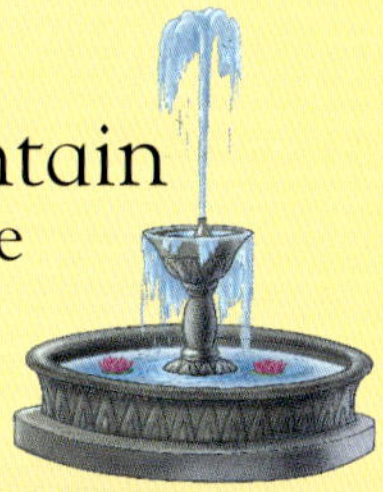
fountain
fuente

statue
estatua

kite
cometa

wind
viento

birdbath
pila para pájaros

flag
bandera

bench
banco

pigeon
paloma

path
camino

merry-go-round
tiovivo

flagpole
mástil

trash can
papelera

CAN YOU FIND?

Si and Am
Si y Am

string
cuerda

HAVING FUN

At the Playground with Mickey

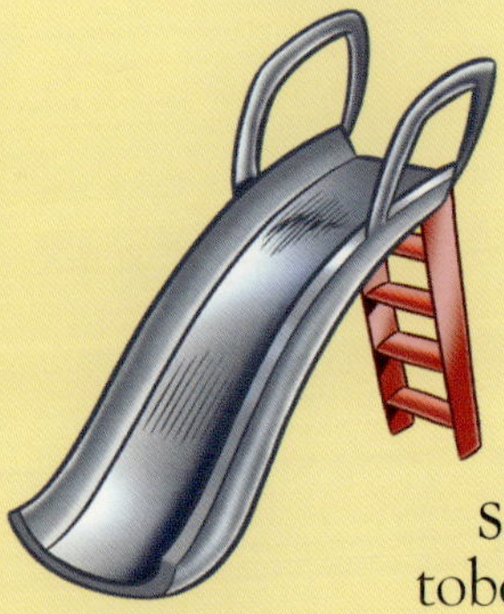

slide
tobogán

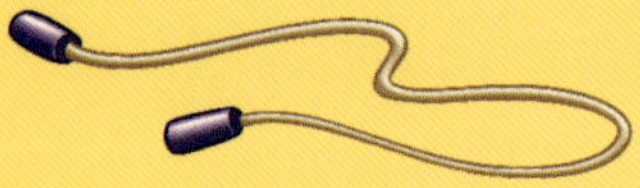

jump rope
saltador

seesaw
balancín

swing
columpio

handle
manillar

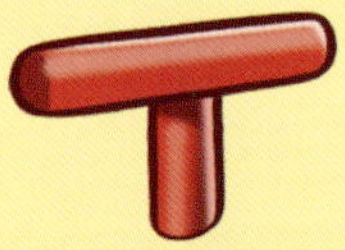

in-line skates
patines en línea

hopscot
juego del t

En el parque de juegos con Mickey

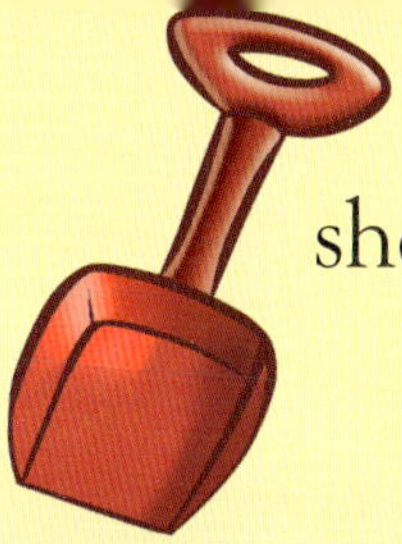

shovel
pala

ringtoss
juego de anillas

sandbox
caja de arena

bars
barras

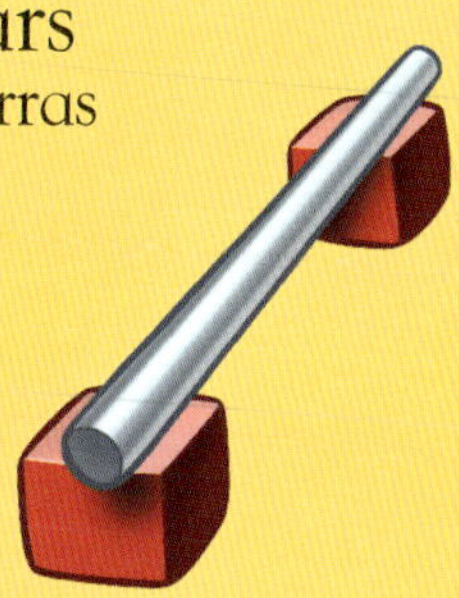

tag
corre que te pillo

pail
cubo

water fountain
fuente

skateboard
monopatín

marbles
canicas

climber
estructura de barras

Donald's Day of Sports
El día deportivo de Donald

ice hockey
hockey sobre hielo

basketball
baloncesto

soccer
fútbol

"¡Eh! ¡Cuidado con ese balón!"

ice-skating
patinaje sobre hielo

football
fútbol americano

tennis
tenis

field hockey
hockey sobre hierba

polo
polo

archery
tiro con arco

Ping-Pong
ping-pong

rowing
remo

cycling
ciclismo

cricket
cricket

swimming
natación

snowboarding
snowboard

weight lifting
levantamiento
de peso

skiing
esquí

Miss Bianca Paints a Picture

Miss Bianca pinta un cuadro

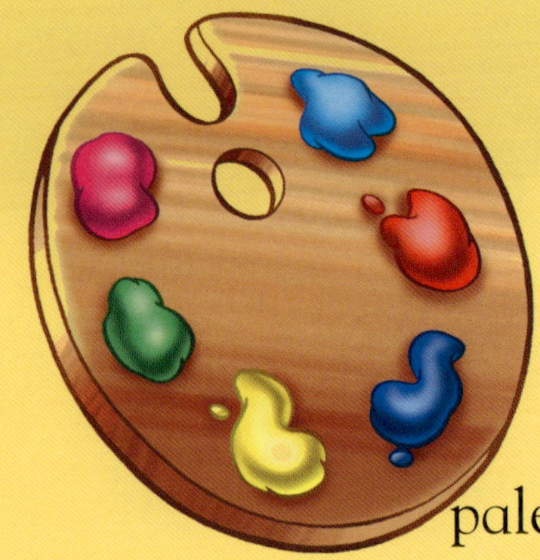

palette
paleta

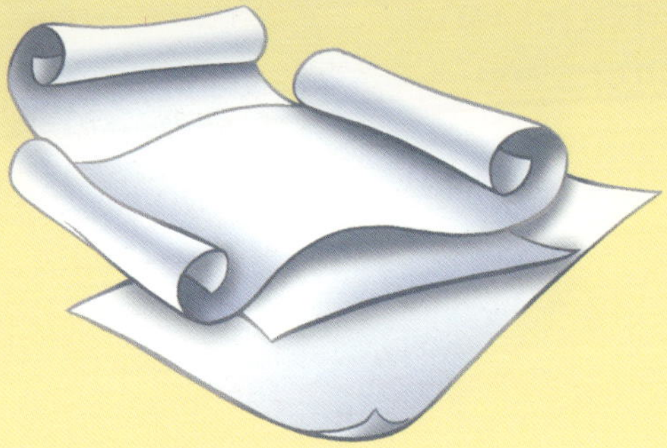

paper
papel

artist
artista

canvas
lienzo

painting
cuadro

rag
trapo

sketches
bocetos

paintbrush
pincel

portrait
retrato

clay
arcilla

ceramics
cerámica

pottery
alfarería

kiln
horno

pottery wheel
torno
de alfarero

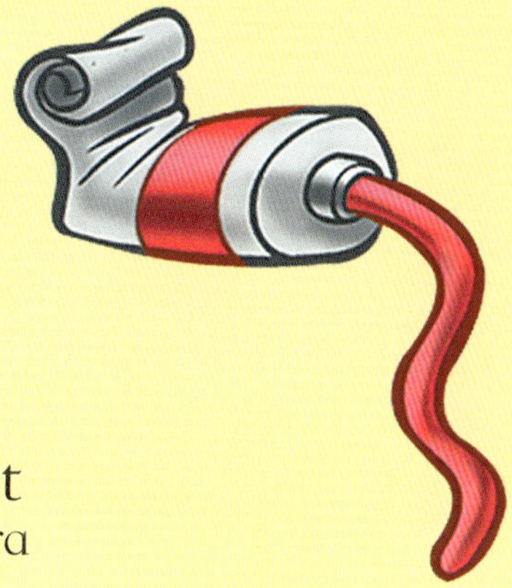

paint
pintura

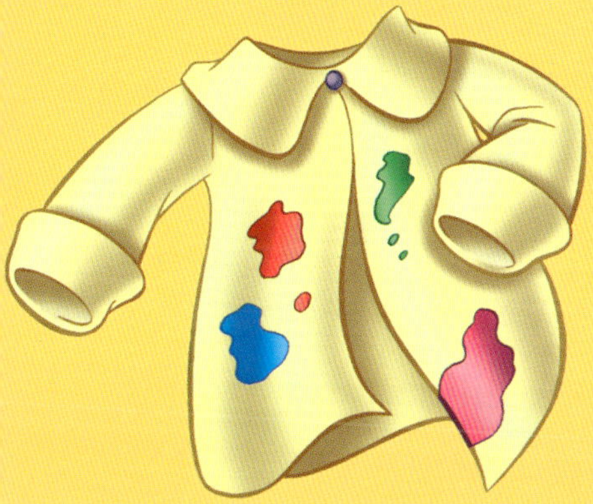

smock
blusón

easel
caballete

The Aristocats Move to the Music

Los Aristogatos bailan al ritmo de la música

piano
piano

sheet music
partitura

trumpet
trompeta

musical notes
notas musicales

piano keys
tecla del piano

flute
flauta

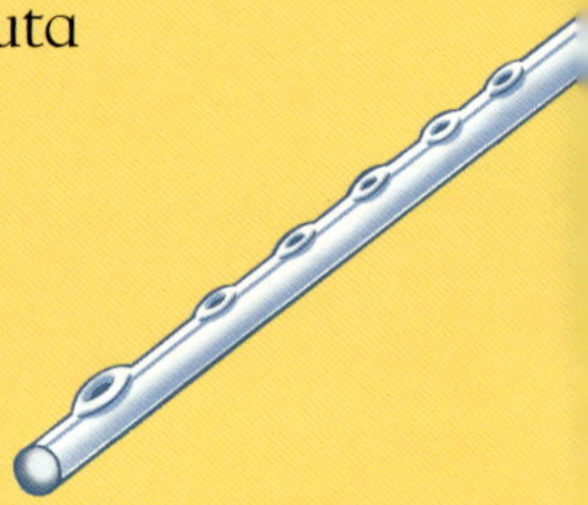

pedal
pedal

bass
contrabajo

drumsticks
baquetas

saxophone
saxofón

harmonica
armónica

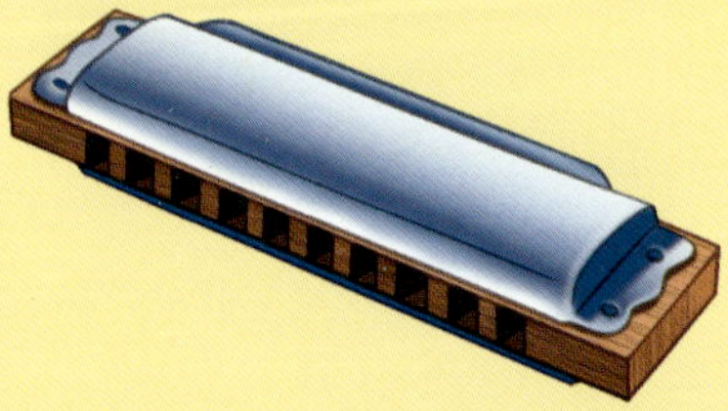

trombone
trombón

metronome
metrónomo

music stand
atril

guitar
guitarra

drums
tambores

fiddle
violín

bow
arco

drummer
batería

singer
cantante

musician
músico

Aladdin at the Parade

"¡Vamos, únete al desfile!"

CAN YOU FIND?

four bananas
cuatro plátanos

Aladdín en el desfile

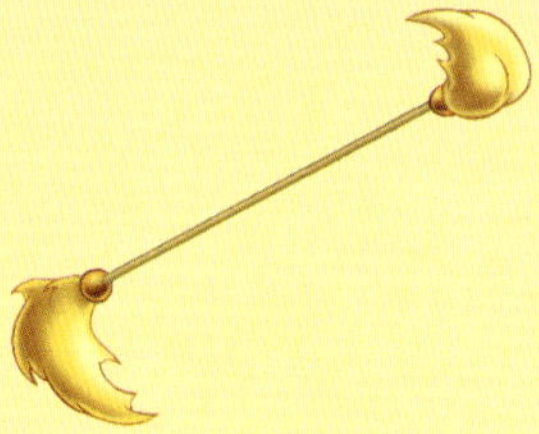

baton
bastón

tuba
tuba

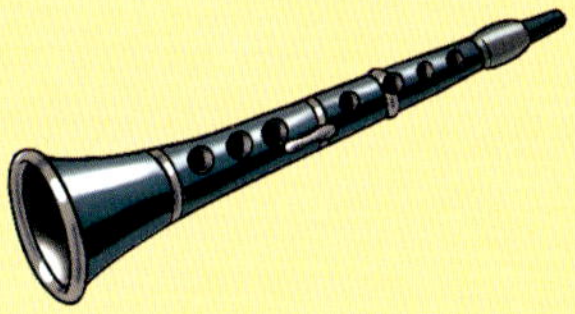

clarinet
clarinete

piccolo
flautín

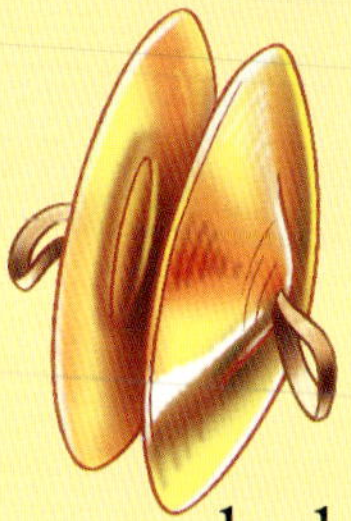

cymbals
platillos

tambourine
pandereta

bugle
corneta

oboe
oboe

xylophone
xilófono

bass drum
timbal

French horn
trompa

accordion
acordeón

marching band
banda de música

dancers
bailarinas

parade
desfile

confetti
confeti

HAVING FUN

Lilo & Stitch at the Beach

Lilo y Stitch en la playa

swim trunks
bañador (de chico)

beach ball
balón de playa

surfboard
tabla de surf

CAN YOU FIND?

two starfish
dos estrellas de mar

beach towel
toalla de playa

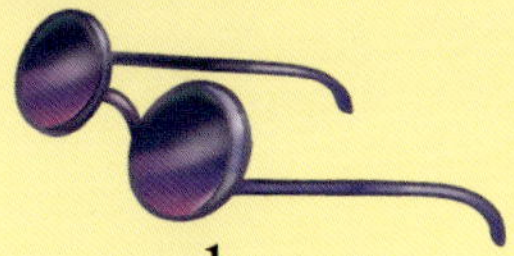

sunglasses
gafas de sol

sun hat
sombrero

beach
playa

waves
olas

bathing suit
bañador (de chica)

suntan lotion
loción bronceadora

seaweed
alga

lifeguard
socorrista

ocean
océano

beach chair
tumbona

beach umbrella
sombrilla

sand
arena

seagull
gaviota

seashell
concha

sand castle
castillo de arena

life jacket
chaleco salvavidas

Monsters, Inc., at the Movies

Monstruos S. A. en el cine

movie screen
pantalla

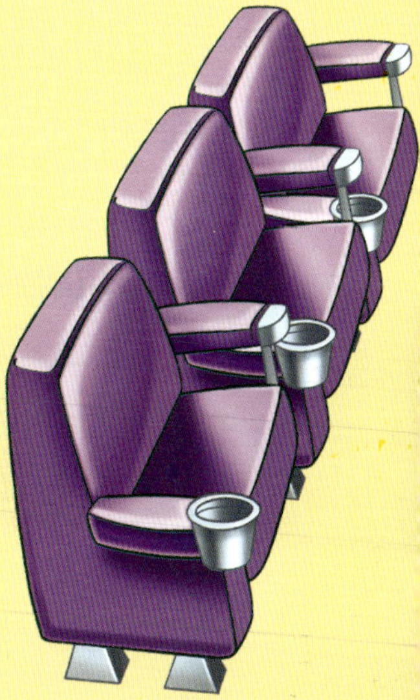
row
fila

movie
película

paper cup
vaso de papel

popcorn
palomitas de maíz

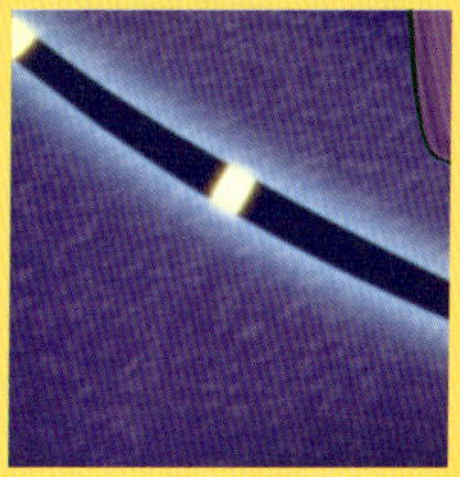
aisle
pasillo

flashlight
linterna

film reel
rollo de película

projector
proyector

usher
acomodador

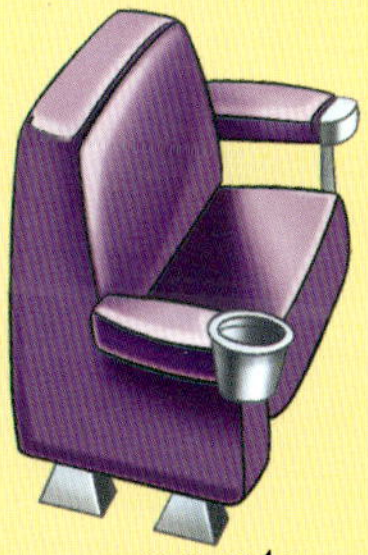
seat
asiento

CAN YOU FIND?
four movie tickets
cuatro entradas

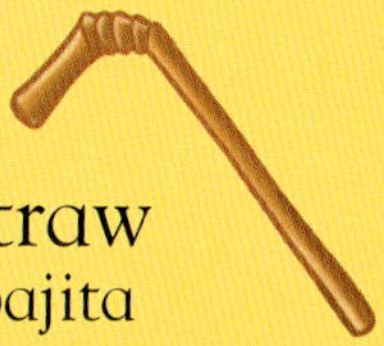
straw
pajita

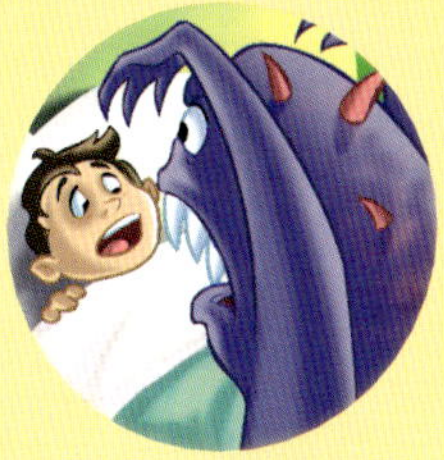
actors
actores

soda
refresco

A *Toy Story* Birthday Party

De cumpleaños con *Toy Story*

candles
velas

paper plates
platos de papel

party hat
sombrero de fiesta

streamers
serpentinas

birthday cake
pastel de cumpleaños

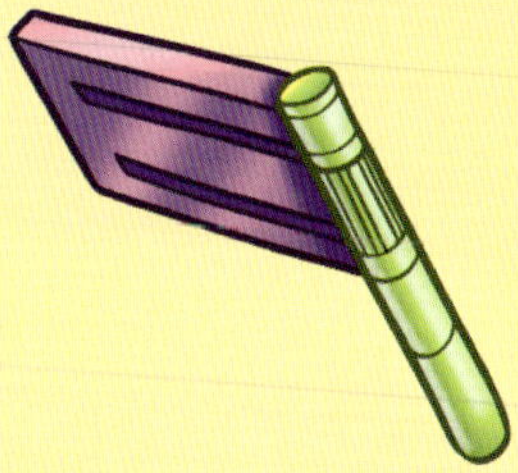
noisemaker
carraca

party horn
matasuegras

balloons
globos

presents
regalos

wrapping paper
papel de regalo

ribbon
lazo

birthday card
tarjeta de cumpleaños

CAN YOU FIND?
three pink gift bows
tres lazos rosas

HAVING FUN

A *Beauty and the Beast* Christmas

tinsel
espumillón

ornaments
adornos

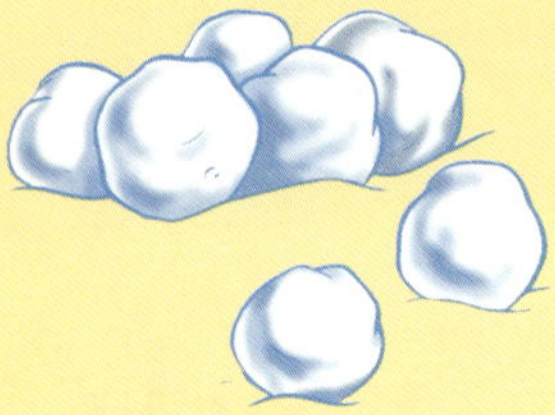

snowballs
bolas de nieve

wreath
corona

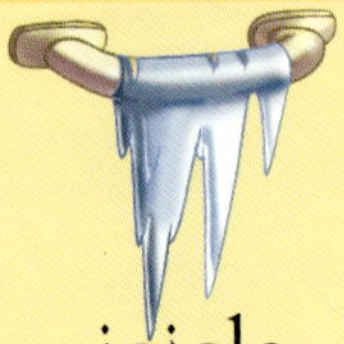

icicle
carámbano

sled
trineo

garland
guirnalda

angel
ángel

Una Navidad con la Bella y la Bestia

Christmas tree
árbol de Navidad

muff
manguito

snowman
muñeco de nieve

sleigh bells
cascabeles

snowflake
copo
de
nieve

sleigh
trineo tirado por animales

popcorn chain
guirnalda de palomitas

Animals

"¡Hola!
¡Bienvenido a
la naturaleza!"

and Nature

Pasa la página para ver una ,
un , un , y muchos animales más.
Pudes salir de marcha con Robin Hood.
Da un paseo por el bosque y verás los .
Corta una  o huele una . Descubre
los animales que hay bajo el mar con .

Lilo Goes to the Pet Store

Lilo va a la tienda de animales

cat food
comida para gatos

guinea pig
cobaya

cat
gato

puppies
cachorros

turtle
tortuga

rabbits
conejos

birdcage
jaula para pájaros

goldfish
pececito rojo

canary
canario

fishbowl
pecera

aquarium
acuario

hamsters
hamsters

dog
perro

ferret
hurón

snake
serpiente

iguana
iguana

kittens
gatitos

101 Dalmatians Visit the Farm

Los 101 dálmatas visitan la granja

weather vane
veleta

farmhouse
vivienda de la granja

scarecrow
espantapájaros

turkey
pavo

duckling
patito

goose
ganso

cow
vaca

goat
cabra

barn
granero

piglet
cerdito
chicks
pollitos
rooster
gallo
hens
gallinas
lamb
cordero
CAN YOU FIND?
four eggs
cuatro huevos
colt
potro
kids
cabritas
henhouse
gallinero
donkey
burro
hay
heno
horse
caballo
calf
ternera
pig
cerdo
sheep
oveja

On the Plain with Simba

En la sabana con Simba

gazelle
gacela

lion cub
cachorro de león

gorilla
gorila

lion
león

CAN YOU FIND?

two of Zazu's loose blue feathers
dos plumas azules de Zazú

rhino
rinoceronte

chimpanzee
chimpancé

cheetah
guepardo

hornbill
bucero

zebra
cebra

giraffe
jirafa

baboon
babuino

gnu
ñú

elephant
elefante

hippo
hipopótamo

leopard
leopardo

hyena
hiena

lioness
leona

Lilo's Book of Wild Animals

El libro de los animales salvajes de Lilo

crocodile
cocodrilo

python
pitón

vulture
buitre

jaguar
jaguar

poison dart frog
rana venenosa

coyote
coyote

tarantula
tarántula

grizzly bear
oso pardo

king cobra
cobra

tiger
tigre

Gila monster
monstruo de Gila

black mamba
mamba negra

black panther
pantera negra

piranha
piraña

polar bear
oso polar

wolf
lobo

black widow spider
araña viuda negra

"¡Estoy buscando a Stitch en este libro!"

Zazu's Birds of a Feather

Los pájaros de Zazú

hawk
halcón

blue jay
arrendajo azul

penguin
pingüino

flamingo
flamenco

robin
petirrojo

bald eagle
águila calva

toucan
tucán

hummingbird
colibrí

magpie
urraca

swan
cisne

budgie
periquito

parrot
loro

dove
paloma

bluebird
azulejo

pelican
pelícano

kingfisher
martín pescador

crow
cuervo

puffin
frailecillo

stork
cigüeña

macaw
guacamayo

ostrich
avestruz

Bambi's Forest Friends

Los amigos de Bambi en el bosque

CAN YOU FIND?

five acorns
cinco bellotas

opossums
zarigüeyas

otter
nutria

moose
alce

doe
cierva

butterfly
mariposa

raccoon
mapache

fawn
cervatillo

porcupine
puercoespín

beaver
castor

chipmunk
ardilla listada

bird's nest
nido de pájaros

skunk
mofeta

spider
araña

spiderweb
tela de araña

badger
tejón

owl
búho

buck
ciervo

foxes
zorros

frog
rana

squirrel
ardilla

woodpecker
pájaro carpintero

ANIMALS AND NATURE

Goofy's Photo Safari

El safari fotográfico de Goofy

giant panda
oso panda gigante

orangutan
orangután

armadillo
armadillo

"L-l-look!
I photographed
these animals all
by myself!"

"¡Mi-mira! ¡He
fotografiado estos
animales yo
solito!"

hedgehog
erizo

manatee
manatí

walrus
morsa

chameleon
camaleón

kangaroo
canguro

sloth
perezoso

reindeer
reno

camel
camello

anteater
oso hormiguero

snail
caracol

koala bear
koala

Ariel Plays in the Sea

Ariel juega bajo el mar

seal
foca

flounder
platija

coral
coral

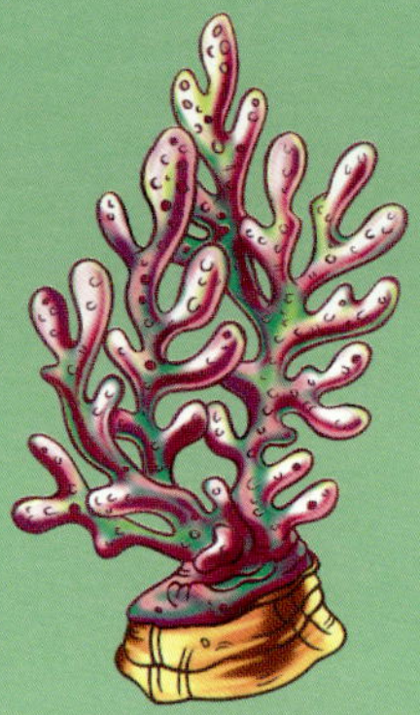

clown fish
pez payaso

crab
cangrejo

shark
tiburón

jellyfish
medusa

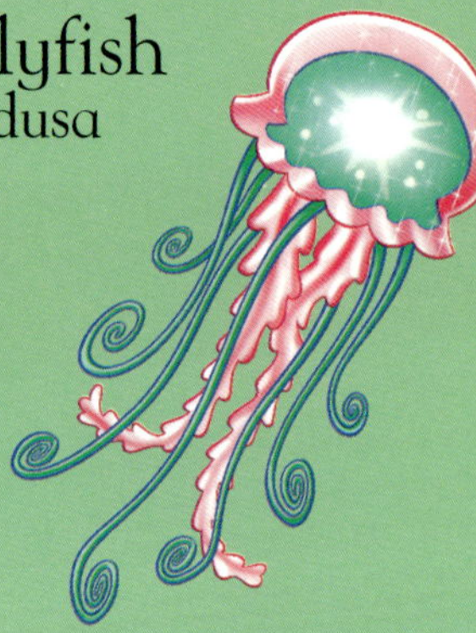

starfish
estrella de mar

merman
tritón

octopus
pulpo

dolphin
delfín

eel
anguila

whale
ballena

squid
calamar

sea horse
caballito de mar

minnow
pececillo de agua dulce

sea turtle
tortuga marina

Flik Finds the Circus Bugs

Flick encuentra a los bichos del circo

bumblebee
abejorro

grasshopper
saltamontes

cricket
grillo

rhinoceros beetle
escarabajo cornudo

ladybug
mariquita

caterpillar
oruga

moth
polilla

walking stick
insecto palo

pill bug
cochinilla

dragonfly
libélula

horsefly
tábano

ant
hormiga

wasp
avispa

firefly
luciérnaga

praying mantis
mantis religiosa

flea
pulga

daddy longlegs
araña piernas largas

aphid
áfido

hornet
avispón

Robin Hood's Mountain Trail Adventure

stream
arroyo

trail
sendero

canteen
cantimplora

rainbow
arco iris

branch
rama

cloud
nube

roots
raíces

sky
cielo

tree
árbol

La aventura montañera de Robin Hood

CAN YOU FIND?
two frogs
dos ranas

waterfall
cascada

mountain
montaña

cave
cueva

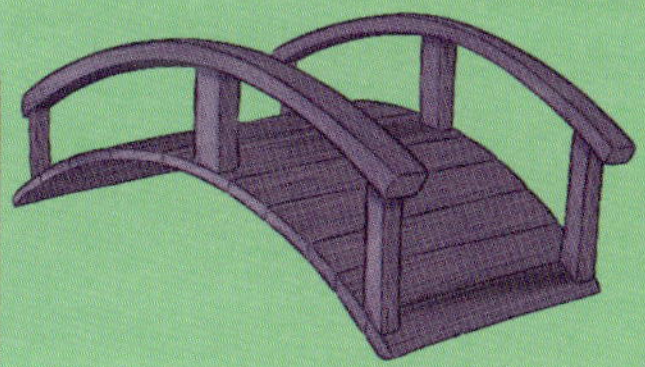

bridge
puente

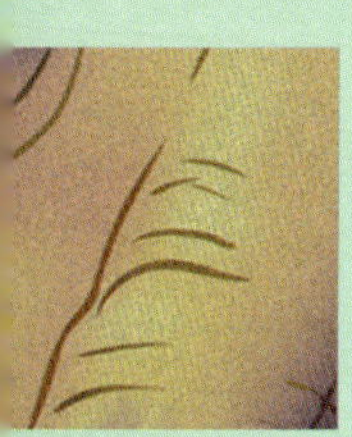

bark
corteza

sun
sol

leaf
hoja

hole
agujero

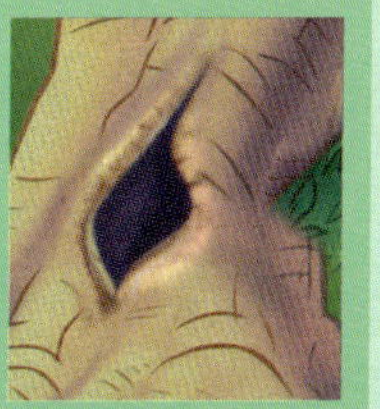

shadow
sombra

Flower's Lovely Flowers

Flores maravillosas

daisy
margarita

rose
rosa

lilac
lila

tiger lily
lirio tigrado

dahlia
dalia

bluebells
campanillas

carnation
clavel

tulip
tulipán

baby's breath
doble copo de nieve

orchid
orquídea

poppies
amapolas

violet
violeta

daffodil
narciso

wildflowers
flores silvestres

pussy willows
flores de sauce blanco

"Si quieres, ¡puedes llamarme Flor!"

Peter Pan's Camping Trip

La acampada de Peter Pan

campfire
hoguera

marshmallows
nubes

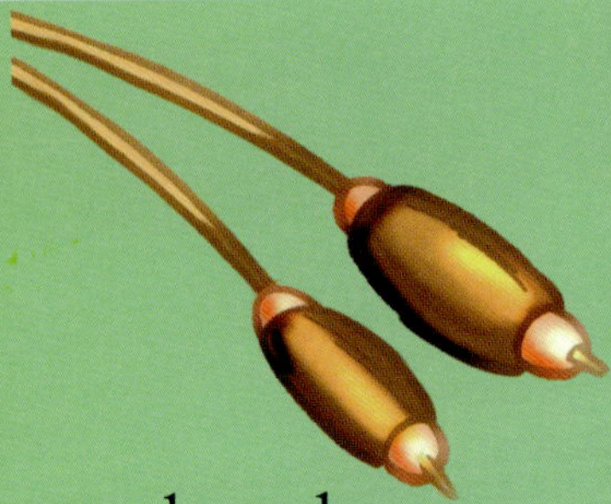
hot dogs
perritos calientes

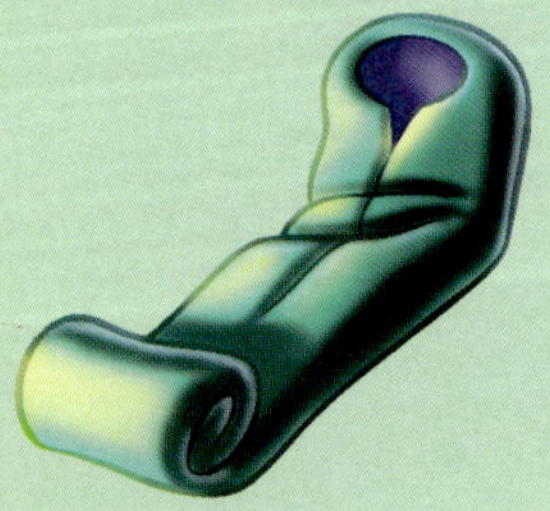
sleeping bag
saco de dormir

picnic basket
cesta de la merienda

log
leño

smoke
humo

rocks
rocas

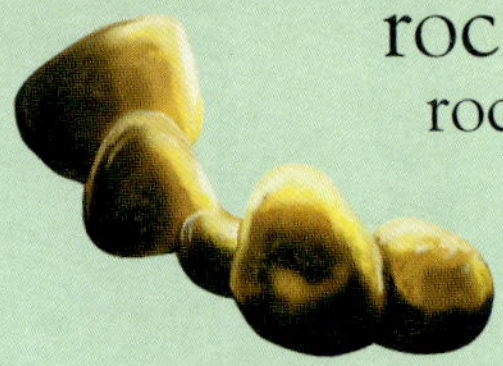

twigs
ramitas

rope
soga

tent
tienda

beehive
colmena

grass
hierba

bushes
arbustos

CAN YOU FIND?

two pairs of yellow eyes hidden in the bushes
Dos pares de ojos amarillos ocultos entre los arbustos

fishing rod
caña de pescar

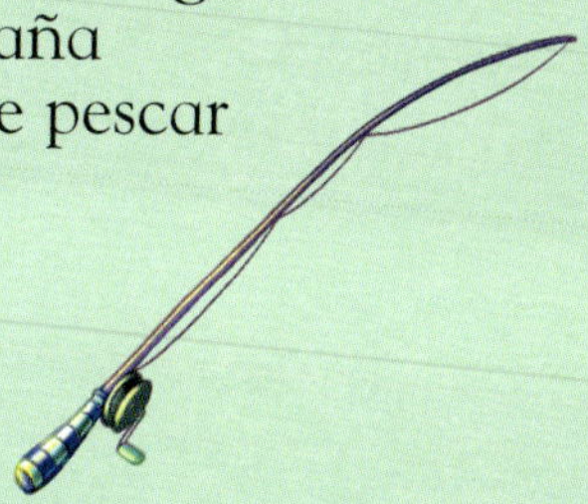

acorns
bellotas

pinecones
piñas

anthill
hormiguero

forest
bosque

moon
luna

stars
estrellas

bats
murciélagos

lantern
farol

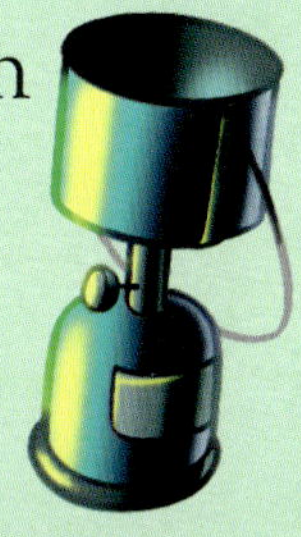

Things to

"It's nice to meet you! I'm a real boy now!"

"¡Me ha encantado conocerte! ¡Ahora soy un niño de verdad!"

Know

Lo que Debes Saber

Puedo . En invierno tengo 

y también tengo . Pasa las páginas para

distinguir colores como el  y el . Usa

los  para contar  o .

¿Eres capaz de distinguir un  de un ?

¡Hagas lo que hagas, sé !

Pinocchio Becomes a Real Boy

Pinocho se convierte en un niño de verdad

hip
cadera

shoulder
hombro

hair
pelo

hands
manos

arm
brazo

teeth
dientes

eyebrows
cejas

knee
rodilla

tongue
lengua

fingers
dedos

elbow
codo

mouth
boca

THINGS TO KNOW

All Kinds of Feelings

Toda clase de sentimientos

sleepy
adormilado

proud
orgulloso

silly
juguetón

guilty
culpable

grumpy
gruñón

sad
triste

hungry
hambriento

angry
enfadado

scared
asustado

Four Seasons with Bambi

Las cuatro estaciones con Bambi

autumn wind
viento de otoño

winter snow and ice
nieve y hielo de invierno

THINGS TO KNOW

A Busy Year for Princesses

Un año ajetreado
para las princesas

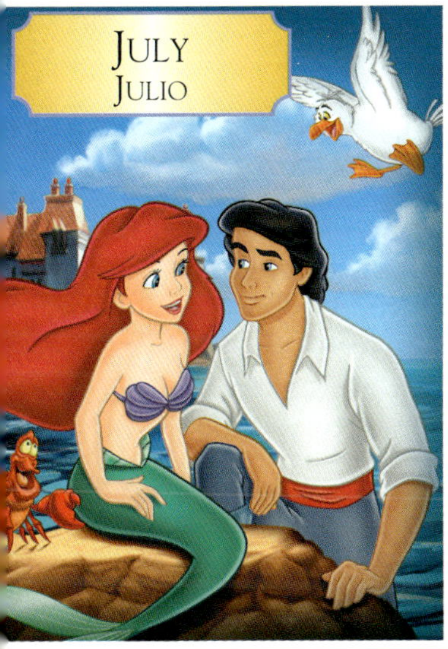

DAYS OF THE WEEK

DÍAS DE LA SEMANA

Monday
Lunes

Tuesday
Martes

Wednesday
Miércoles

Thursday
Jueves

Friday
Viernes

Saturday
Sábado

Sunday
Domingo

THINGS TO KNOW

How Many Dalmatians?

¿Cuántos dálmatas hay?

uno
1 one 

dos
2 two 

tres
3 three 

cuatro
4 four 

cinco
5 five 

seis
6 six 

siete
7 seven 

ocho
8 eight 

nueve
9 nine 

diez
10 ten 

"¿Cuántos cachorros hay?"

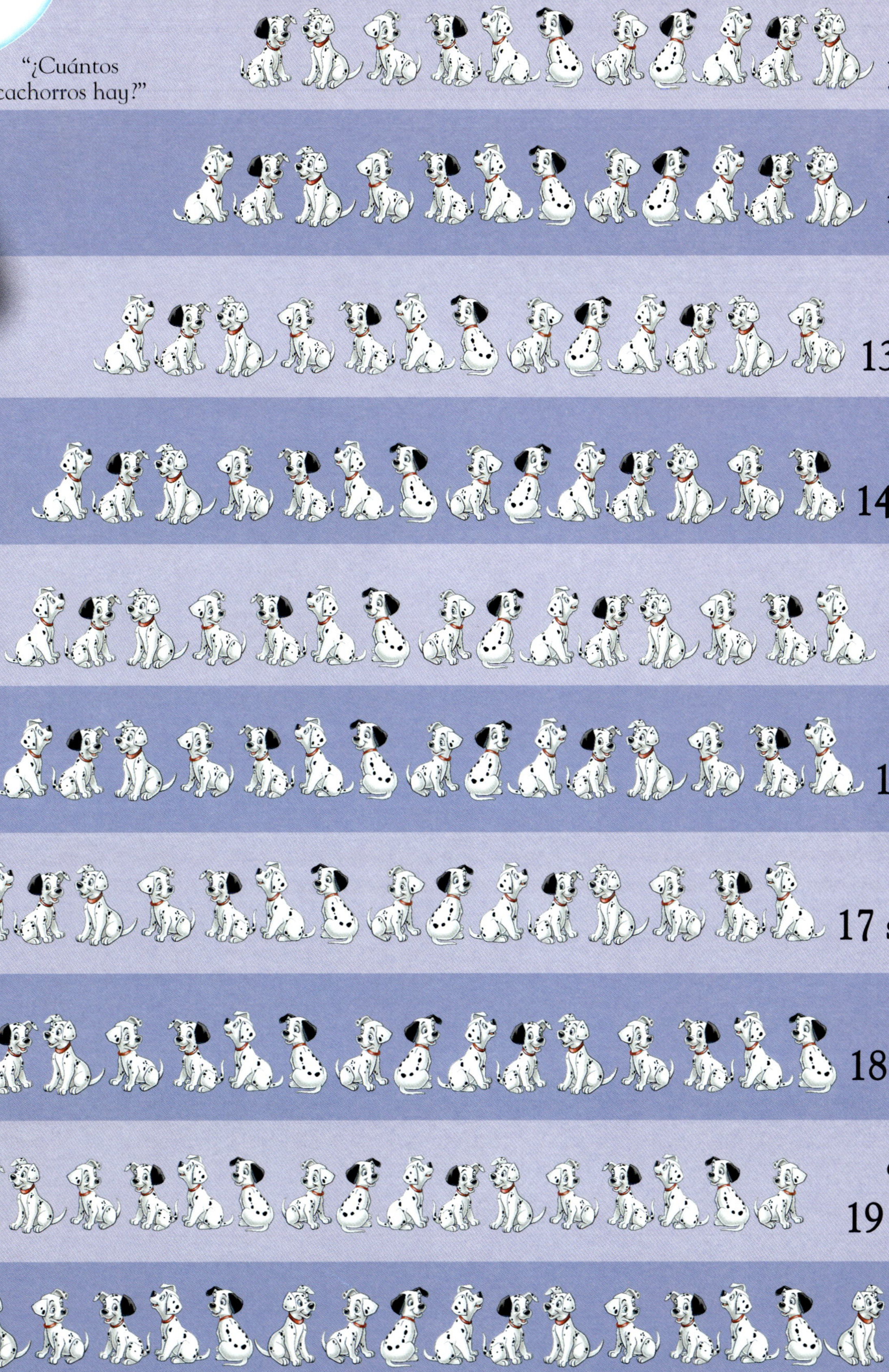

once
11 eleven

doce
12 twelve

trece
13 thirteen

catorce
14 fourteen

quince
15 fifteen

dieciséis
16 sixteen

diecisiete
17 seventeen

dieciocho
18 eighteen

diecinueve
19 nineteen

veinte
20 twenty

Finding Shapes in Wonderland

Buscando formas en el País de las Maravillas

CAN YOU FIND?

four teacups
cuatro tazas de té

rectangle
rectángulo

triangle
triángulo

star
estrella

crescent
media luna

heart
corazón

diamond
diamante

oval
óvalo

cone
cono

cube
cubo

square
cuadrado

circle
círculo

THINGS TO KNOW

Pocahontas Sees Colors Everywhere

Pocahontas ve colores por todas partes

CAN YOU FIND?

two woven sacks
dos sacos de tela

white
blanco

red
rojo

pink
rosa

orange
naranja

yellow
amarillo

purple
morado

blue
azul

gray
gris

brown
marrón

green
verde

black
negro

Aladdin's Favorite Opposites

Los contrarios preferidos de Aladdín

big
grande

small
pequeño

"¡Te cogeré, escurridizo monito!"

bad
malo

good
bueno

slow
lento

fast
rápido

cold
frío

hot
caliente

dry
seco

wet
mojado

open
abierto

closed
cerrado

fat
gordo

thin
delgado

quiet
callada

noisy
ruidoso

new
nuevo

old
viejo

Busy Beauty, Busy Beast!

¡Bella ocupada, Bestia ocupada!

to sing
cantar

to clean
limpiar

to jump
saltar

to stand
estar de pie

to eat
comer

"¿Qué cosas te gusta hacer?"

to read
leer

to talk
hablar

to smile
sonreír

to whisper
susurrar

to listen
escuchar

to think
pensar

to laugh
reír

to sleep
dormir

to sit
sentarse

to build
construir

to wake up
despertarse

to drink
beber

to kiss
besar

to dance
bailar

to run
correr

Hide-and-Seek with Simba and Nala

Jugando al escondite con Simba y Nala

left/right
izquierda/derecha

far/near
lejos/cerca

below/above
debajo de/encima de

through
a través

in front of/behind
delante/detrás

around
alrededor

under/over
por debajo/por encima

here/there
aquí/allí

out/in
fuera/dentro

INDEX
Índice

1 one	uno	122-123
2 two	dos	122-123
20 twenty	veinte	122-123
3 three	tres	122-123
4 four	cuatro	122-123
5 five	cinco	122-123
6 six	seis	122-123
7 seven	siete	122-123
8 eight	ocho	122-123
9 nine	nueve	122-123
10 ten	diez	122-123
11 eleven	once	122-123
12 twelve	doce	122-123
13 thirteen	trece	122-123
14 fourteen	catorce	122-123
15 fifteen	quince	122-123
16 sixteen	dieciséis	122-123
17 seventeen	diecisiete	122-123
18 eighteen	dieciocho	122-123
19 nineteen	diecinueve	122-123
above	encima de	128-129
accordion	acordeón	76-77
acorns	bellotas	110-111
action figure	muñequito	36-37
actors	actores	80-81
address	dirección	44-45
address book	libreta de direcciones	44-45
airplane	avión	56-57
aisle	pasillo	80-81
alarm	alarma	50-51
alarm clock	despertador	28-29
ambulance	ambulancia	52-53
angel	ángel	84-85
angry	enfadado	116-117
ankle	tobillo	114-115
ant	hormiga	104-105
anteater	oso hormiguero	100-101
anthill	hormiguero	110-111
apartment building	edificio de apartamentos	34-35
aphid	áfido	104-105
apple	manzana	20-21
April	abril	120-121
apron	delantal	14-15
aquarium	acuario	88-89
archery	tiro con arco	70-71
armadillo	armadillo	100-101
armchair	butaca	12-13
arm	brazo	114-115
around	alrededor	128-129
artist	artista	72-73
astronaut	astronauta	58-59
athlete	atleta	120-121
August	agosto	72-73
auto mechanic	mecánico de coches	58-59
autumn winds	vientos de otoño	118-119
avocados	aguacates	20-21
awning	toldo	34-35
ax	hacha	50-51
baboon	babuino	92-93
baby	bebé	6-7
baby carriage	cochecito de niño	26-27
baby powder	polvos de talco	26-27
baby's breath	doble copo de nieve	108-109
backpack	mochila	46-47
bacon	beicón	18-19
bad	malo	128-129
badger	tejón	98-99
baguette	baguette	18-19
bakery	panadería	34-35
bald eagle	águila calva	96-97
ballet dancer	bailarín de ballet	58-59
ballet slippers	zapatillas de ballet	30-31
balloons	globos	82-83
banana	plátano	20-21
bandage	vendaje	48-49
banister	barandilla	12-13
bank	banco	34-35
bark	corteza	106-107
barn	granero	90-91
bars	barras	68-69
basketball	baloncesto	70-71
bass	contrabajo	74-75
bass drum	timbal	76-77
bath towel	toalla de baño	24-25
bathing suit	bañador (de chica)	78-79
bathrobe	albornoz	24-25
bathtub	bañera	24-25
baton	bastón	76-77
bats	murciélagos	76-77
beach	playa	78-79
beach ball	balón de playa	78-79
beach chair	tumbona	78-79
beach towel	toalla de playa	78-79
beach umbrella	sombrilla	78-79
beaver	castor	98-99
bed	cama	28-29
bedspread	colcha	28-29
beehive	colmena	110-111
beet	remolacha	22-23
behind	detrás	128-129
bell	campana	50-51
below	debajo de	128-129
belt	cinturón	30-31
bench	banco	66-67
bib	babero	26-27
bicycle	bicicleta	52-53
big	grande	128-129
bird's nest	nido de pájaros	98-99
birdbath	pila para pájaros	66-67
birdcage	jaula	88-89
birdhouse	casita para pájaros	8-9
birthday cake	tarta de cumpleaños	82-83
birthday card	tarjeta de cumpleaños	82-83
black	negro	126-127
black mamba	mamba negra	94-95
black panther	pantera negra	94-95
black widow spider	araña viuda negra	94-95
blackberries	moras	20-21
blackboard	pizarra	46-47
blanket	manta	28-29
blender	robot de cocina	14-15
blocks	cubos	36-37
blouse	blusa	30-31
blue	azul	126-127
blue jay	arrendajo azul	96-97
bluebells	campanillas	108-109
blueberries	arándanos	20-21
bluebird	azulejo	96-97
board game	juego de mesa	36-37
boat	velero	52-53
bonnet	gorrito	26-27
bookcase	librería	12-13
books	libros	12-13
booth	reservado	40-41
boots	botas	30-31
bottle	botella	26-27
bow	arco	74-75
bow tie	pajarita	30-31
bowl	cuenco	16-17
box	caja	28-29
bracelets	pulseras	38-39
branch	rama	106-107
bridge	puente	106-107
broccoli	brécol	22-23
broom	escoba	14-15
brother	hermano	6-7
brown	marrón	126-127
brussels sprouts	coles de Bruselas	22-23
bubbles	burbujas	24-25
buck	ciervo	98-99
budgie	periquito	96-97
bugle	corneta	76-77
bulldozer	bulldozer	54-55
bulletin board	tablón de anuncios	44-45
bullhorn	bocina	50-51
bumblebee	abejorro	104-105
bus driver	conductor de autobús	58-59
bus stop	parada de autobús	34-35
bushes	arbustos	110-111
butcher	carnicero	34-35
butter	mantequilla	18-19
butterfly	mariposa	98-99
cabbage	col	22-23
cage	jaula	62-63
calculator	calculadora	38-39
calf	ternera	90-91
camel	camello	100-101
camera	cámara	38-39
campfire	hoguera	110-111
canary	canario	88-89
candles	velas	82-83
candlestick	candelabro	16-17
candy	golosinas	42-43
canteen	cantimplora	106-107
canvas	lienzo	72-73
cap	gorra	30-31
cape	capa	30-31
car	coche	8-9
carnation	clavel	108-109
carousel	carrusel	64-65
carpenter	carpintero	78-79
carpet	alfombra	28-29
carrots	zanahorias	22-23
cash register	caja registradora	40-41
cashier	cajero	40-41
castle	castillo	64-65
cat	gato	88-89
cat food	comida para gatos	88-89
caterpillar	oruga	104-105
cauliflower	coliflor	22-23
cave	cueva	106-107
CD player	reproductor de CDs	38-39
celery	apio	22-23
cell phone	teléfono móvil	38-39
cement mixer	hormigonera	54-55
ceramics	cerámica	72-73
cereal	cereal	18-19
chalk	tiza	46-47
chameleon	camaleón	100-101
chandelier	araña	16-17
check	cuenta	40-41
checkers	fichas	36-37
chek-in	facturación	56-57
cheeks	mejillas	114-115
cheese	queso	18-19
cheetah	guepardo	92-93
chef	cocinero	58-59
cherries	cerezas	20-21
chess	ajedrez	36-37
chicken	pollo	18-19
chicks	pollitos	90-91
chimney	chimenea	8-9
chimpanzee	chimpancé	92-93
chin	barbilla	114-115
china cabinet	aparador	16-17
chipmunk	ardilla listada	98-99
chopped nuts	nueces trituradas	42-43
chopsticks	palillos chinos	40-41
Christmas tree	árbol de Navidad	84-85
circle	círculo	124-125
circus tent	carpa del circo	62-63
clarinet	clarinete	76-77
clay	arcilla	72-73
clerk	funcionario	44-45
climber	estructura de barras	68-69
clock	reloj	12-13
closed	cerrado	128-129
closet door	puerta del armario	28-29
clothes	ropa	8-9
clothesline	tendedero	8-9
cloud	nube	106-107
clown	payaso	62-63
clown fish	pez payaso	102-103
coat	abrigo	30-31
coatrack	perchero	46-47
coconuts	coco	20-21
coffee table	mesita auxiliar	12-13
coins	monedas	40-41
cold	frío	128-129
colt	potro	90-91
comb	peine	24-25
comic book	cómic	46-47
computer	ordenador	38-39
computer mouse	ratón	38-39
cone	cono	124-125
confetti	confeti	76-77
construction worker	obrero	58-59
control tower	torre de control	56-57
cookies	galletas	42-43
coral	coral	102-103
corn	maíz	22-23
cotton balls	bolitas de algodón	48-49
cotton candy	algodón de azúcar	64-65
couch	sofá	12-13
counter	mostrador	40-41
cow	vaca	90-91
coyote	coyote	94-95
crab	cangrejo	102-103
crackers	galletitas saladas	18-19
cradle	cuna	26-27
crane	grúa	54-55
crayon	carboncillo	46-47
creamer	salsera	16-17
credit card	tarjeta de crédito	40-41
crescent	media luna	124-125
crib	cuna	26-27

cricket	cricket	70-71
cricket	grillo	104-105
crocodile	cocodrilo	94-95
croissants	cruasanes	42-43
crow	cuervo	96-97
cruise ship	transatlántico	52-53
crystal ball	bola de cristal	64-65
cube	cubo	124-125
cucumber	pepino	22-23
cup	taza	16-17
cupboard	armario de cocina	14-15
cupcakes	magdalenas	42-43
curtains	cortinas	26-27
customs	aduana	56-57
customs officer	oficial de aduanas	56-57
cycling	ciclismo	70-71
cymbals	platillos	76-77
daddy longlegs	araña piernas largas	104-105
daffodil	narciso	108-109
dahlia	dalia	108-109
daisy	margarita	108-109
dancers	bailarinas	76-77
daughters	hijas	6-7
December	diciembre	120-121
dentist	dentista	58-59
deparment store	grandes almacenes	34-35
desk	pupitre	46-47
diamond	rombo	124-125
diaper	pañal	26-27
dinosaur	dinosaurio	36-37
dish	plato	16-17
dish towel	paño de cocina	14-15
dishwasher	lavavajillas	14-15
doctor	médico	58-59
doe	cierva	98-99
dog	perro	88-89
dog collar	collar para perros	48-49
dog tag	chapa de identificación (para perros)	48-49
doghouse	caseta para el perro	8-9
doll	muñeca	36-37
dolphin	delfín	102-103
dominoes	dominó	36-37
donkey	burro	90-91
doorman	portero	58-59
double-decker bus	autobús de dos pisos	52-53
doughnuts	rosquillas	42-43
dove	paloma	96-97
dragon	dragón	64-65
dragonfly	libélula	104-105
drawbridge	puente levadizo	64-65
drawer	cajón	28-29
dress	vestido	30-31
dress shop	tienda de ropa	34-35
dresser	cómoda	28-29
drill	taladro	38-39
driveway	camino de entrada	8-9
drummer	batería	74-75
drumsticks	baquetas	74-75
dry	seco	128-129
ducklings	patitos	74-75
dump truck	camión volquete	54-55
dustpan	recogedor	14-15
earrings	pendientes	38-39
ear	oreja	114-115
earthworm	lombriz	10-11
easel	caballete	72-73
eel	anguila	102-103
eggplant	berenjena	22-23
eggs	huevos	18-19
elbow	codo	114-115
electric train	tren eléctrico	36-37
elephant	elefante	92-93
engine	motor	56-57
envelope	sobre	44-45
eraser	borrador	46-47
examining table	mesa para los reconocimientos	48-49
eyebrows	cejas	114-115
eyeglasses	gafas	46-47
eyelashes	pestañas	114-115
eyes	ojos	114-115
far	lejos	128-129
farmhouse	vivienda de la granja	90-91
fast	rápido	128-129
fat	gordo	128-129
father	padre	6-7
faucet	grifo	14-15
fawn	cervatillo	98-99
feather	pluma	62-63
February	febrero	120-121
feet	pies	114-115
felt-tip pens	rotuladores	46-47
fence	valla	8-9
ferret	hurón	88-89
Ferris wheel	noria	64-65
ferry	transbordador	52-53
fiddle	violín	74-75
field hockey	hockey sobre hierba	70-71
file	informe	48-49
film reel	rollo de película	80-81
fingernails	uñas de las manos	114-115
fingers	dedos de las manos	114-115
fire chief	jefe de bomberos	50-51
fire extinguisher	extintor	50-51
fire hose	manguera	50-51
fire hydrant	boca de incendios	50-51
fire truck	camión de bomberos	50-51
firefighter	bombero	50-51
firefly	luciérnaga	104-105
firehouse	parque de bomberos	50-51
fireplace	chimenea	12-13
fishbowl	pecera	88-89
fishing rod	caña de pescar	110-111
flag	bandera	66-67
flamingo	flamenco	96-97
flashlight	linterna	80-81
flea	pulga	104-105
flight attendant	azafata de vuelo	56-57
floor	suelo	12-13
florist	floristería	34-35
flounder	platija	102-103
flute	flauta	74-75
football	fútbol americano	70-71
footstool	escabel	12-13
forest	bosque	110-111
fork	tenedor	16-17
forklift	carretilla elevadora	54-55
fortune teller	adivina	64-65
fountain	fuente	66-67
fox	zorro	98-99
French fries	patatas fritas	18-19
French horn	cuerno de caza	76-77
Friday	viernes	120-121
frog	rana	98-99
front door	puerta principal	8-9
fruit punch	ponche de fruta	42-43
fudge	caramelo de dulce de leche	64-65
fuel truck	camión cisterna	56-57
fun house	casa de la risa	64-65
garage	garaje	8-9
garage door	puerta del garaje	8-9
garbage pail	cubo de la basura	14-15
garden hose	manguera	10-11
garland	guirnalda	84-85
garlic	ajo	22-23
gazelle	gacela	92-93
ghosts	fantasmas	64-65
giant panda	panda gigante	100-101
Gila monster	monstruo de Gila	94-95
giraffe	jirafa	92-93
glass	copa	16-17
globe	globo terráqueo	46-47
gloves	guantes	30-31
glue	pegamento	46-47
gnu	ñu	92-93
goat	cabra	90-91
gold ring	anillo de oro	38-39
goldfish	pececito rojo	88-89
good	bueno	128-129
goose	ganso	90-91
gorilla	gorila	92-93
gown	vestido de noche	30-31
granddaughter	nieta	6-7
grandmother	abuela	6-7
grapefruit	pomelo	20-21
grapes	uvas	20-21
graph paper	papel milimetrado	46-47
grass	hierba	110-111
grasshopper	saltamontes	104-105
gray	gris	126-127
green	verde	126-127
grizzly bear	oso pardo	94-95
grocer	tendero	58-59
grocery	tienda de ultramarinos	34-35
grumpy	gruñón	116-117
guilty	culpable	116-117
guinea pig	cobaya	88-89
guitar	guitarra	74-75
hair	pelo	114-115
hair bow	lazo para el pelo	30-31
hair dryer	secador de pelo	24-25
hairbrush	cepillo	24-25
hairdresser	peluquero	58-59
ham	jamón	18-19
hamburger	hamburguesa	18-19
hammer	martillo	8-9
hamsters	hamsters	88-89
handle	manillar	68-69
hands	manos	114-115
hanger	percha	28-29
harmonica	armónica	74-75
hat	sombrero	30-31
haunted house	casa encantada	64-65
hawk	halcón	96-97
hay	heno	90-91
head	cabeza	114-115
heart	corazón	124-125
hedge	seto	10-11
hedgehog	puercoespín	100-101
helmet	casco	50-51
henhouse	gallinero	90-91
hens	gallinas	90-91
here	aquí	128-129
high chair	trona	26-27
high heels	zapatos de tacón	30-31
high wire	cuerda floja	62-63
hippo	hipopótamo	92-93
hip	cadera	114-115
hole	agujero	106-107
hoop	aro	62-63
hopscotch	juego del tejo	68-69
hornbill	bucero	92-93
hornet	avispón	104-105
horse	caballo	90-91
horsefly	tábano	104-105
hot chocolate	chocolate caliente	42-43
hot dogs	perritos calientes	110-111
hot	caliente	128-129
hot-air baloon	globo de aire caliente	52-53
house	casa	8-9
houseboat	casa flotante	52-53
housekeeper	ama de llaves	58-59
hubcap	tapacubos	50-51
hummingbird	colibrí	96-97
hungry	hambriento	116-117
husband	esposo	6-7
hyena	hiena	92-93
ice	hielo	40-41
ice cream	helado	40-41
ice hockey	hockey sobre hielo	70-71
ice-cream cone	cucurucho de helado	42-43
ice-cream soda	refresco con helado	42-43
ice-cream sundae	copa de helado	42-43
ice-cream truck	camión de los helados	52-53
iced tea	té helado	40-41
ice-skating	patinaje sobre hielo	70-71
icicle	carámbano	84-85
iguana	iguana	88-89
in	dentro	128-129
in front of	delante	128-129
infant	niño pequeño	26-27
ink pad	almohadilla de tinta	44-45
in-line skates	patines en línea	68-69
iron	plancha	14-15
ironing board	tabla de planchar	14-15
jacket	cazadora	30-31
jaguar	jaguar	94-95
January	enero	120-121
jeans	pantalones vaqueros	30-31
jelly	gelatina	18-19
jellyfish	medusa	102-103
jet plane	reactor	56-57
jewels	joyas	38-39
jigsaw puzzle	rompecabezas	36-37
jogger	corredor	66-67
jogging	correr	66-67
juggler	malabarista	62-63
jukebox	gramola	40-41
July	julio	120-121
jump rope	saltador	68-69
June	junio	120-121
kangaroo	canguro	100-101
ketchup	ketchup	18-19
kettle	tetera	14-15
keys	llaves	44-45
kids	cabritas	90-91
kiln	horno	72-73
king	rey	6-7
king cobra	cobra	94-95
kingfisher	martín pescador	96-97
kite	cometa	66-67
kittens	gatitos	88-89
knee	rodilla	114-115
knife	cuchillo	16-17
koala bear	koala	100-101
lab coat	bata	48-49
ladder	escalera de mano	50-51
ladle	cucharón	16-17
ladybug	mariquita	104-105
lamb	cordero	90-91
lamp	lámpara	12-13
lamppost	farola	34-35
lampshade	pantalla de la lámpara	12-13
lantern	farol	110-111
lawn mower	cortacésped	8-9

leaf	hoja	106-107
leash	correa	48-49
left	izquierda	128-129
legs	piernas	114-115
lemons	limones	20-21
leopard	leopardo	92-93
letter	carta	44-45
letter carrier	cartero	44-45
lettuce	lechuga	22-23
librarian	librero	58-59
library	biblioteca	34-35
life jacket	salvavidas	78-79
lifeguard	socorrista	78-79
light switch	interruptor	12-13
lilac	lila	108-109
lima beans	alubias blancas	22-23
limes	limas	20-21
lion	león	92-93
lion cub	cachorro de león	92-93
lion tamer	domador de fieras	62-63
liones	leona	92-93
lobster	langosta	18-19
log	tronco	110-111
lounge	sala de espera	56-57
luggage	equipaje	56-57
luggage tag	etiqueta para el equipaje	56-57
lunch box	cartera para el almuerzo	46-47
macaw	guacamayo	96-97
magazine	revista	34-35
magician	mago	58-59
magpie	urraca	96-97
mail	correo	44-45
mailbag	cartera	44-45
mailbox	buzón	8-9
manatee	manatí	100-101
map	mapa	46-47
maple syrup	jarabe de arce	42-43
marbles	canicas	68-69
March	marzo	120-121
marching band	banda de música	76-77
marshmallows	nubes	110-111
mask	máscara	48-49
measuring cup	taza medidora	14-15
medicine cabinet	botiquín	24-25
megaphone	megáfono	62-63
melons	melones	20-21
menu	menú	40-41
mermaid	sirena	102-103
merman	tritón	102-103
merry-go-round	tiovivo	66-67
metronome	metrónomo	74-75
microscope	microscopio	48-49
milk	leche	18-19
minnow	pececillo de agua dulce	102-103
mirror	espejo	24-25
mittens	manoplas	30-31
moat	foso	64-65
mobile	móvil	26-27
mobile home	caravana	52-53
Monday	lunes	120-121
money	dinero	40-41
monkey	mono	64-65
moon	luna	110-111
moose	alce	98-99
mop	fregona	14-15
moth	polilla	104-105
mother	madre	6-7
motorcycle	motocicleta	52-53
mountain	montaña	106-107
mouse pad	alfombrilla para el ratón	38-39
mouth	boca	114-115
movie	película	80-81
movie screen	pantalla	80-81
movie theater	cine	80-81
moving van	camión de mudanzas	52-53
muff	manguito	84-85
muffins	magdalenas	42-43
mushrooms	champiñones	22-23
music stand	atril	74-75
musical notes	notas musicales	74-75
musician	músico	74-75
nailbrush	cepillo de uñas	24-25
nails	uñas	8-9
napkin	servilleta	16-17
near	cerca	128-129
neck	cuello	114-115
necklaces	collares	38-39
nephews	sobrinos	6-7
net	red	62-63
new	nuevo	128-129
newspaper	periódico	34-35
newsstand	quiosco	34-35
night table	mesilla	28-29
noisemaker	carraca	82-83
noisy	ruidoso	82-83
nose	nariz	114-115
notebook	cuaderno	46-47
November	noviembre	120-121
nurse	enfermera	58-59
oboe	oboe	76-77
ocean	océano	78-79
October	octubre	120-121
office building	edificio de oficinas	34-35
old	viejo	128-129
olives	aceitunas	22-23
onion	cebolla	22-23
open	abierto	128-129
opossum	zarigüeya	98-99
orange	naranja	126-127
oranges	naranjas	20-21
orangutan	orangután	100-101
orchid	orquídea	108-109
organ grinder	acordeonista	64-65
ornaments	adornos	84-85
ostrich	avestruz	96-97
otter	nutria	96-97
out	fuera	128-129
oval	ovalado	124-125
oven	horno	14-15
overalls	pantalón de peto	30-31
owl	búho	98-99
pacifier	chupete	26-27
package	paquete	44-45
paddleboat	patín	64-65
pail	cubo	68-69
paint	pintura	72-73
paintbrush	pincel	72-73
painter	pintor	58-59
painting	cuadro	72-73
palette	paleta	72-73
pan	sartén	14-15
pants	pantalones	30-31
papayas	papayas	20-21
paper	papel	72-73
paper cup	vaso de papel	80-81
paper plates	platos de papel	82-83
paper towels	rollo de papel	14-15
parade	desfile	76-77
park	parque	66-67
parrot	loro	96-97
party hat	sombrero de fiesta	82-83
party horn	matasuegras	82-83
passenger	pasajero	56-57
passport	pasaporte	56-57
pasta	pasta	18-19
path	camino	66-67
peach	melocotón	20-21
peanut butter	mantequilla de cacahuete	20-21
pear	pera	20-21
peas	guisantes	22-23
pedal	pedal	74-75
pelican	pelícano	96-97
pencil	lápiz	46-47
penguin	pingüino	96-97
pens	bolígrafos	46-47
pepper	pimienta	18-19
peppers	pimientos	22-23
pets	mascotas	6-7
photographer	fotógrafo	58-59
piano	piano	74-75
piano keys	teclas del piano	74-75
piccolo	flautín	76-77
pickles	pepinillos	22-23
pickup truck	camioneta pickup	54-55
picnic basket	cesta para la merienda	110-111
picture	cuadro	28-29
pie	empanada	42-43
pig	cerdo	90-91
pigeon	paloma	66-67
piggy bank	hucha (con forma de cerdito)	36-37
piglets	cerditos	90-91
pill bug	cochinilla	104-105
pillow	almohada	28-29
pillowcase	funda de almohada	28-29
pilot	piloto	56-57
pineapple	piña	20-21
pinecones	piñas	110-111
Ping-pong	ping-pong	70-71
pink	rosa	126-127
piranha	piraña	94-95
pitcher	jarra	16-17
pizza	pizza	18-19
place mat	mantel individual	16-17
plants	plantas	10-11
platter	bandeja	16-17
playing cards	naipes	36-37
pliers	alicates	38-39
plow	arado	54-55
plumber	fontanero	58-59
plums	ciruelas	20-21
poison dart frog	rana venenosa	94-95
polar bear	oso polar	94-95
pole	barra	50-51
police car	coche de policía	52-53
polo	polo	70-71
popcorn	palomitas de maíz	80-81
popcorn chain	guirnalda de palomitas	84-85
poppies	amapolas	108-109
porch	porche	8-9
porcupine	puercoespín	98-99
portrait	retrato	72-73
postage stamps	sellos de correos	44-45
postcard	postal	44-45
poster	póster	44-45
pot	cazo	14-15
potatoes	patatas	22-23
pottery	alfarería	72-73
praying mantis	mantis religiosa	104-105
presents	regalos	82-83
princess	princesa	6-7
printer	impresora	38-39
projector	proyector	80-81
propeller	hélice	56-57
proud	orgulloso	116-117
puffin	frailecillo	96-97
pumpkin	calabaza	22-23
puppies	cachorros	88-89
purple	morado	126-127
purse	bolso	30-31
pushpins	chinchetas	44-45
pussy willows	flores de sauce blanco	108-109
python	pitón	94-95
queen	reina	6-7
quiet	callada	128-129
rabbits	conejos	128-129
raccoon	mapache	98-99
radiator	radiador	12-13
radishes	rábanos	22-23
rag	trapo	72-73
rainbow	arco iris	106-107
raincoat	chubasquero	30-31
raisins	uvas pasas	20-21
rake	rastrillo	10-11
raspberries	frambuesas	20-21
rectangle	rectángulo	124-125
red	rojo	126-127
refrigerator	frigorífico	14-15
reindeer	reno	100-101
restaurant	restaurante	34-35
rhino	rinoceronte	92-93
rhinoceros beetle	escarabajo cornudo	104-105
ribbon	lazo	82-83
rice	arroz	18-19
right	derecha	132-133
ringtoss	juego de anillas	68-69
ringmaster	director de pista	62-63
road	carretera	34-35
roast beef	asado	18-19
robe	bata	28-29
robin	petirrojo	96-97
rocket ship	cohete espacial	52-53
rocking chair	mecedora	26-27
rocking horse	caballito balancín	36-37
rocks	rocas	110-111
roller coaster	montaña rusa	64-65
rolling pin	rodillo	14-15
roof	tejado	8-9
rooster	gallo	90-91
roots	raíces	106-107
rope	soga	110-111
rose	rosa	108-109
row	remar	80-81
rowboat	barca de remos	52-53
rowing	remo	70-71
rubber gloves	guantes de goma	48-49
rubber stamp	sello de caucho	44-45
rug	alfombra	12-13
ruler	regla	46-47
sad	triste	116-117
sailboat	barquito de vela	24-25
sailor	marinero	58-59
salt	sal	18-19
sand	arena	78-79
sand castle	castillo de arena	78-79
sandals	sandalias	30-31
sandbox	cajón de arena	68-69
sandwich	sándwich	18-19
Saturday	sábado	120-121
saucer	platito	16-17
sausage	salchicha	18-19
saw	sierra	8-9
saxophone	saxofón	74-75
scale	peso	48-49
scarecrow	espantapájaros	90-91
scared	asustado	116-117
scarf	bufanda	30-31
school bus	autobús escolar	52-53
scones	bollitos	42-43
screwdriver	destornillador	38-39

sea horse	caballito de mar	102-103
sea turtle	tortuga marina	102-103
seagull	gaviota	78-79
seal	foca	102-103
seashell	concha	78-79
seat	asiento	80-81
seaweed	algas	78-79
secretary	secretaria	58-59
seed pack	paquete de semillas	10-11
seeds	semillas	10-11
seesaw	balancín	68-69
September	septiembre	120-121
shadow	sombra	106-107
shampoo	champú	24-25
shark	tiburón	102-103
sheep	oveja	90-91
sheet	sábana	28-29
sheet music	partitura	74-75
shelf	estante	28-29
shirt	camisa	30-31
shoes	zapatos	30-31
shorts	pantalones cortos	30-31
shoulder	hombro	114-115
shovel	pala	68-69
shower cap	gorro de ducha	24-25
shower stall	cabina de ducha	24-25
shrimp	gamba	18-19
silly	tonto	116-117
silver ring	anillo de plata	38-39
singer	cantante	74-75
sink	fregadero	14-15
sister	hermana	6-7
skateboard	monopatín	68-69
sketches	bocetos	72-73
skiing	esquí	70-71
skunk	mofeta	98-99
sky	cielo	106-107
sled	trineo	84-85
sleeping bag	saco de dormir	110-111
sleepy	adormilado	116-117
sleigh	trineo tirado por animales	84-85
sleigh bells	cascabeles	84-85
slide	tobogán	68-69
sloth	perezoso	100-101
slow	lento	128-129
small	pequeño	128-129
smock	blusón	72-73
smoke	humo	110-111
snail	caracol	100-101
snake	serpiente	88-89
sneakers	zapatillas deportivas	30-31
snowballs	bolas de nieve	84-85
snowboarding	snowboard	70-71
snowflake	copo de nieve	84-85
snowman	muñeco de nieve	84-85
snowshoes	botas para la nieve	30-31
soap	jabón	24-25
soapsuds	espuma	14-15
soccer	fútbol	70-71
socks	calcetines	30-31
soda	refresco	80-81
soil	tierra	10-11
soup	sopa	18-19
soy sauce	salsa de soja	40-41
space ranger	patrulla espacial	36-37
spaghetti and meatballs	espaguetis y albóndigas	18-19
spider	araña	98-99
spiderweb	tela de araña	98-99
spinach	espinacas	22-23
sponge	esponja	14-15
spoon	cuchara	16-17
spring rain	lluvia de primavera	118-119
sprinkler	aspersor	10-11
sprinkles	azucareros	42-43
square	cuadrado	124-125
squid	calamar	102-103
squirrel	ardilla	98-99
staircase	escalera	12-13
stak	estaca	10-11
star	estrella	124-125
starfish	estrella de mar	102-103
stars	estrellas	110-111
statue	estatua	66-67
steamroller	apisonadora	54-55
steering wheel	volante	50-51
stethoscope	estetoscopio	48-49
stork	cigüeña	96-97
stove	cocina	14-15
straw	pajita	80-81
strawberries	fresas	20-21
stream	arroyo	106-107
streamers	serpentinas	82-83
street sweeper	barrendero	54-55
string	cuerda	66-67
string beans	judías verdes	22-23
stuffed animals	animales de peluche	36-37
submarine	submarino	52-53
sugar bowl	azucarero	16-17
suit	traje	30-31
summer sunshine	sol de verano	118-119
sun	sol	106-107
sun hat	sombrero	78-79
Sunday	domingo	120-121
sunflower	girasol	10-11
sunglasses	gafas de sol	10-11
suntan lotion	loción bronceadora	78-79
surfboard	tabla de surf	78-79
sushi	sushi	40-41
suspenders	tirantes	50-51
swan	cisne	96-97
sweater	jersey	30-31
sweetshop	confitería	34-35
swim trunks	bañador (de chico)	78-79
swimming	natación	70-71
swing	columpio	68-69
sword	espada	62-63
syringe	jeringuilla	48-49
table	mesa	16-17
tag	corre que te pillo	68-69
tail	cola	56-57
tailcoat	frac	62-63
tambourine	pandereta	76-77
tank	tanque	52-53
tanker	petrolero	52-53
tape recorder	radiocassette	38-39
tarantula	tarántula	94-95
taxi	taxi	52-53
taxi driver	taxista	58-59
tea	té	18-19
teacher	profesora	46-47
teapot	tetera	16-17
teddy bear	osito de peluche	26-27
teeth	dientes	114-115
teething ring	mordedor	26-27
telephone	teléfono	28-29
telescope	telescopio	36-37
television	televisión	12-13
tennis	tenis	70-71
tent	tienda de campaña	110-111
textbook	libro de texto	46-47
there	allí	128-129
thermometer	termómetro	48-49
thin	delgado	128-129
through	a través de	128-129
Thursday	jueves	120-121
tiara	diadema	30-31
ticket	ticket	64-65
ticket agent	control de billetes	56-57
ticket taker	taquilla	64-65
tie	corbata	30-31
tiger	tigre	94-95
tiger lily	lirio tigrado	108-109
tinsel	espumillón	84-85
tissues	pañuelos de papel	48-49
to build	construir	126-127
to clean	limpiar	126-127
to dance	bailar	126-127
to drink	beber	126-127
to eat	comer	126-127
to jump	saltar	126-127
to kiss	besar	126-127
to laugh	reír	126-127
to listen	escuchar	126-127
to read	leer	126-127
to run	correr	126-127
to sing	cantar	126-127
to sit	sentarse	126-127
to sleep	dormir	126-127
to smile	sonreír	126-127
to stand	estar de pie	126-127
to talk	hablar	126-127
to think	pensar	126-127
to wake up	despertarse	126-127
to whisper	susurrar	126-127
to write	escribir	126-127
toast	tostada	18-19
toaster	tostador	14-15
toes	dedos de los pies	114-115
toilet	váter	24-25
toilet paper	papel higiénico	24-25
tomato	tomate	22-23
tongs	pinzas para el hielo	16-17
tongue	lengua	114-115
toolbox	caja de herramientas	8-9
toothbrush	cepillo de dientes	24-25
toothpaste	pasta de dientes	24-25
top	peonza	36-37
top hat	sombrero de copa	62-63
toucan	tucán	96-97
tow truck	camión grúa	54-55
towel rack	toallero	24-25
tower	torre	64-65
toy chest	baúl para los juguetes	28-29
toys	juguetes	36-37
tractor	tractor	54-55
traffic light	semáforo	34-35
trail	sendero	106-107
train	tren	52-53
trapeze	trapecio	62-63
trapeze artist	trapecista	62-63
trash can	cubo de la basura	66-67
tree	árbol	106-107
triangle	triángulo	124-125
trombone	trombón	74-75
trowel	palita	10-11
truck	camión	52-53
trumpet	trompeta	74-75
T-shirt	camiseta	30-31
tuba	tuba	76-77
Tuesday	martes	120-121
tugboat	remolcadora	52-53
tulip	tulipán	108-109
tuna	atún	18-19
turkey	pavo	90-91
turtle	tortuga	88-89
tutu	tutú	30-31
tuxedo	esmoquin	30-31
TV anchor	presentador de televisión	58-59
twigs	ramitas	110-111
umbrella	paraguas	30-31
uncle	tío	6-7
under/over	por debajo/ por encima	128-129
usher	acomodador	80-81
vacuum cleaner	aspiradora	12-13
van	furgoneta	52-53
vase	jarrón	12-13
VCR	vídeo	38-39
vet	veterinario	48-49
video camera	cámara de vídeo	38-39
vine	vid	10-11
violet	violeta	108-109
vulture	buitre	94-95
waffle	gofre	42-43
waist	cintura	114-115
waiter	camarero	40-41
waiting line	cola	44-45
waiting room	sala de espera	48-49
walkingstick	insecto palo	104-105
wallet	billetera	40-41
wallpaper	papel pintado	12-13
walrus	morsa	100-101
washcloth	toalla de manos	24-25
wasp	avispa	104-105
water	agua	10-11
water fountain	fuente	68-69
waterfall	cascada	106-107
watering can	regadera	14-15
watermelons	sandías	20-21
waves	olas	78-79
weather vane	veleta	90-91
Wednesday	miércoles	120-121
weight lifting	levantamiento de peso	70-71
wet	mojado	128-129
whale	ballena	102-103
whellbarrow	carretilla	10-11
whipped cream	nata montada	42-43
white	blanco	126-127
wife	esposa	6-7
wildflowers	flores silvestres	108-109
wind	viento	66-67
window	ventana	8-9
wing	ala	56-57
winter snow and ice	nieve y hielo de invierno	118-119
wolf	lobo	94-95
wood	madera	8-9
woodpecker	pájaro carpintero	98-99
wrapping paper	papel de regalo	82-83
wreath	corona	84-85
wrench	llave inglesa	38-39
wrist	muñeca	114-115
wristwatch	reloj de pulsera	38-39
X-ray	radiografía	48-49
xylophone	xilófono	76-77
yard	jardín	8-9
yellow	amarillo	126-127
yogurt/yoghourt	yogur	18-19
zebra	cebra	92-93
zucchini	calabacín	22-23

Dálmata

Goofy

Mike

Dumbo

Señora Potts

Sulley

Pinocho

Cenicienta

Blancanieves

Campanilla

Mickey

Woody

Stitch

Timón

Mowgli

Aladdín

Pepito Grillo
Alicia
Daisy
Golfo
"Hey, that was fun! Let's do it again!"
Simba
Peter Pan
Yasmín
Lilo
"¡Ha sido muy divertido! ¡Repitámoslo!"
Aurora
Buzz Lightyear